U0866930

终极求职系列

终极面试表现

学会展示自我，
赢得面试官青睐

［英］杰伊·苏尔蒂（Jay Surti）著
翟启凤　译

中信出版集团 | 北京

图书在版编目（CIP）数据

终极面试表现：学会展示自我，赢得面试官青睐 /（英）杰伊・苏尔蒂著；翟启凤译 . -- 北京：中信出版社，2020.6

（终极求职系列）

书名原文：Ultimate Presentations: Master the Art of Giving Fantastic Presentations and Wowing Employers

ISBN 978-7-5217-1681-8

Ⅰ . ①终… Ⅱ . ①杰… ②翟… Ⅲ . ①职业选择 Ⅳ . ① C913.2

中国版本图书馆 CIP 数据核字 (2020) 第 039932 号

Ultimate Presentations: Master the Art of Giving Fantastic Presentations and Wowing Employers by Jay Surti
Copyright © Jay Surti 2018
This Translation Edition published by arrangement with Kogan Page © Jay Surti
Simplified Chinese translation copyright © 2020 by CITIC Press Corporation
All Rights Reserved.
本书仅限中国大陆地区发行销售

终极面试表现——学会展示自我，赢得面试官青睐
（终极求职系列）

著　　者：［英］杰伊・苏尔蒂
译　　者：翟启凤
出版发行：中信出版集团股份有限公司
（北京市朝阳区惠新东街甲 4 号富盛大厦 2 座　邮编　100029）
承 印 者：北京通州皇家印刷厂

开　　本：880mm × 1230mm　1/32
印　　张：8.5
字　　数：146 千字
版　　次：2020 年 6 月第 1 版
印　　次：2020 年 6 月第 1 次印刷
京权图字：01-2020-0043
广告经营许可证：京朝工商广字第 8087 号
书　　号：ISBN 978-7-5217-1681-8
定　　价：42.00 元

版权所有・侵权必究
如有印刷、装订问题，本公司负责调换。
服务热线：400-600-8099
投稿邮箱：author@citicpub.com

目　录

第 3 章 职场演讲：要义篇

第 4 章 如何为演讲做准备

第 5 章 如何组织演讲内容

第 6 章 时间管理

第 7 章 演讲风格和技巧

第 8 章　小组演讲

第 9 章　运用技术和视觉道具

第 10 章　开场白与结束语

第 11 章　性格与信息

第 12 章　克服紧张情绪

第 17 章 为听众量身打造演讲

第 18 章 用出色的演讲赢得面试官青睐

前 言

演讲是职场的一部分，会出现在各行各业的许多场景中。掌握演讲技巧有助于推动你的职业发展。

如果你刚刚踏入职场，那么本书中的许多章节都能带你了解演讲的开篇布局、合理表达与吸引听众的艺术，并且告诉你如何为面试或考评准备一场成功的演讲。随着你在职场上不断进步，积累更多的经验，你会遇到新的挑战。无论你在演讲之路上走了多远，只要还想更上一层楼，你都能在本书中找到精进的方法。我会告诉你具体怎样做。

本书的重点虽然放在演讲方面，但也介绍了不少日常沟通中广泛使用的方法和技巧。例如，我们会关注非语言交流的影响，以及我们常用来处理信息的方法。它们将让你更善于理解团队成员、上级经理或客户，更好地与他们沟通。在这个方面，我更有优势。我还列出了一系列应对棘手问题的方法，它们不仅适用于演讲的问答环节，还可以用在任何形式的沟通中，例如面试和商务对话。每一章有不同的主题，以便读者直接跳到自己需要的部分来阅读。我推荐读者阅读所有章节，一方面是因为即使你对某些领域已经很有自信，刷新一下自己的认知也无妨，或许你会发现看待事物的新角度，获得新启发；另一方面是因为每一章都以前一章为基础，整体阅读能为你奠定全面、坚实的演讲基础。不过，你如果想立即提高某个方面，也可以跳到特定的章去阅读。比如说，假如你马上要参加一场面试，你就可以直接跳到第 18 章。

在本书中，我分享了许多演讲方法的实例，其中一些来自我的亲身经历。它们有好有坏，但都可以启发你恰当地应用演讲技巧，不断提升自我。我也曾是职场上的新人，开始时几乎没有演讲经验，缺乏自信。我个人认为，中学教育和大学教育对于演讲的学习与锻炼不够重视，然而大部分工作对演讲技能都有所要求。

多年以来，我为各行各业、各个年龄段的人做过提升演讲技能的培训，并且发现他们共同的问题就是缺乏自信，几乎不懂得如何在演讲时吸引听众。至于有些看上去在演讲方面颇有天赋和技巧的人，他们也不过是更有经验或准备更充足而已。好消息是，只要花一点时间，任何人都能学会如何更好地演讲。

无论你的起点如何，如果你愿意付出努力，你就能给你的听众留下积极的印象。也许你还会开始享受演讲，就像我一样！

第 1 章

为什么说演讲技巧至关重要

在职场上，演讲技巧对于个人和企业的成功而言都至关重要。当下我们所处的世界竞争激烈，只拥有工作所需的技能已经远远不够，有效沟通也是一项必备的技能。这意味着你必须克服恐惧，学会适应在面对压力的场景下讲话。

无论是和客户打电话交流，还是向外部听众做演讲，你的演讲技巧不仅仅反映自己的实力，也反映公司的实力。与客户、供应商或其他合作机构等外部利益相关者打交道的时候，你的一举一动都代表着公司的形象。因此，企业要找的人才必须能自信满满地用精心设计的演讲打动听众。锻炼这样的技能，你才有机会走上理想的职业道路。

好的演讲能有效传递想法和信息。这种技能十分宝贵，而人人都能完善这方面的技能。

提升个人品牌

好的演讲既能提升个人形象，也能打造个人品牌。大家往往把太多注意力放在演讲内容上，对表达方式却有所忽略。无论是哪个行业，都少不了推销的艺术。无论在职场上扮演什么角色，你都会遇到一些场合需要向同事、经理或客户等人推销某个想法或概念并寻求他们的支持。无论你想从事什么行业的工作，提高演讲技巧都能使你受益良多。

- 你会变得更有存在感，更容易被人注意到——需要当众进行演讲的人并不是很多，敢于接受这一挑战的人便有机会出现在更多人的视线里。如果你只是每天坐在办公桌前或长时间在同一个团队中工作，那你很有可能是见不到这些人的。
- 你会被人记住，因为掌握演讲技巧可以帮你塑造一种善于沟通的形象。
- 你的观点能够得到他人的支持，因为你了解如何建立人际关系，并且能清晰易懂、有说服力地阐明自己的观点。
- 凭借自己善于沟通的形象，你能够参加更多的客户会议，拥有更完整的客户关系。
- 你会给他人留下自信满满的印象。
- 你会拥有更广阔的人际网络——大家会更了解你的为人和能力，因此时常慕名而来。

以上都是提升演讲技巧带来的益处。掌握演讲技巧，你就会在职业道路上走得更顺畅，同时为将来走上领导岗位奠定坚实的基础。伟大的领导者都有高超的演讲技巧。

提到演讲，浮现在我们眼前的往往是正式的演讲场合，台下有很多听众。实际上，在工作场合与日常生活中，我们每天都在进行演讲并以此影响他人。在本书中，我们将探讨如何提升你现有的技能，从而使沟通更加流畅。即使演讲不是你目前工作的一部分，将来也可能会派上用场。

在《至关重要的关系》(*The Start-up of You*)中，作者里德·霍夫曼(Reid Hoffman，领英创立者之一)和本·卡斯诺瓦(Ben Casnocha)提出，我们要将自己想象成企业家。这并不是说每个人都要去创办公司，而是说我们应该打造自己的品牌，为自我发展负责。当前，全球就业市场的竞争十分激烈。在传统职业生涯中，雇主会主动承担员工的教育和培训费用，目前这种现象已经不多见了。企业期待着你从一开始就能胜任工作，比其他人更能干。你需要拥有竞争优势，而在沟通过程中令听众信服就是这样一种优势。

害怕开口是拦路虎

各类文章和研究表明，对当众演讲的恐惧几乎一直排在人类恐惧之源的前三名，与对死亡的恐惧不相上下。

虽然这听上去有些夸张，但演讲确实能在很多人的内心深处造成实实在在的恐惧：对于遭到拒绝的恐惧。我们害怕在演讲时被人指手画脚，也害怕看上去滑稽可笑。这种恐惧是非理性的，但我们其实能有所改变。

演讲时紧张的身体症状包括心跳加速、呼吸加快以及出汗——此时体内肾上腺素会飙升。这时人体会做出应激反应，进入高度戒备状态。对于我们的祖先而言，这能帮助他们在遭到骇人的野兽威胁时做出反应。虽然这种情形不会发生在现代人身上，但我们的大脑在面对危险情况时仍会做出相同的反应，演讲就是这样一种情况。

这种恐惧过于强烈，以至我们中的许多人不惜一切逃避演讲。我可以就个人经验来讨论此事，因为在过去的许多年中我都是这样做的——一次又一次地寻找借口逃避演讲。

在我的整个青年时代，我都极度害怕当众演讲。即使是在一小群人面前，开口演讲对我来说也极其困难。尽管我后来走上了法律这条职业道路，但还是一直避免在团队会议和研讨中发言。最终我不得不在法庭上为客户做代理。我只有一种方法来应对这些演讲，那就是准备得无比周全，然而即便如此，对演讲的恐惧还是令我坐立不安。几年之后，我意识到，缺乏演讲技巧阻碍了我的职业发展——不少机会原本可以属于我，最后却落入别人手中。显然，取得进步的唯一方法就是克服我对当众演讲的恐惧。

接着我就遇到了这一切的转折点。那时，我需要在团队会议上针对一项最新的法务进展做十分钟汇报。我在两周前就得到了通知，理应有充足的准备时间。然而，由于紧张，我一直拖延，拒绝接受这次汇报，不断逃避现实。于是在演讲的当天，我完全没有准备好，紧张到无以复加的程度。我无法完成汇报，只能由另一位同事出面救我于水火之中。这让我感到羞愤难当。那天，我下定决心，再也不让此事重演，一定要解决在演讲时缺乏自信这个毛病。而在接下来的练习过程中，我慢慢地开始享受演讲，而且除了掌握了诸多演讲技能、自信和技巧之外，我还学到了很多很多。

首先，我上网寻求帮助，发现在我的办公室附近有一家演讲俱乐部。加入俱乐部的好处是，我有机会在工作之外建立信心，培养技能，并且不再感到尴尬。

我花了三个月的时间，终于鼓起勇气走上讲台，在俱乐部中做了一次简单演讲。这是个开始。在接下来的几个月里，我逐渐试着放下思想包袱，在小组中演讲。不过，我知道自己还要更加努力才能真正成为演讲达人。我利用假期参加了美国的一些演讲工作坊和集中训练营。在这一段不长的时间里，我不停写稿子，多次做演讲。这让我跳出了舒适区，提升了自己的演讲技能。后来，我逐渐开始在团队会议上主动承担培训近况汇报，一步一步地积累经验，变得更享受演讲。现如今，演讲已经成为我日常工作的重要组成部分。

努力提升技能无疑是最重要的，而本书会指导你如何去做。在阅读本书期间，无论有什么演讲机会，你都要抓住，以积累更多的经验。

有的人永远都不会享受演讲，但是任何人只要付出一定的努力都会变得更加自信，拥有更强的演讲能力。我相信，没有天生的演说家，而且只要持续提升演讲技能，每个人都有能力进行更有效的沟通。

努力提升这方面的技能有助于增强自信，让你在临时接到演讲通知时（比如需要代替同事上阵的时候）也不怯场。坚实的基础对此很有帮助。演讲时感到自信，也会给生活的其他方面带来连锁反应。

可能你是行业内最好的专家，但如果你不能很好地传递信息并吸引目标听众，就没有人知道你有多厉害、能做什么。相信我，我曾经目睹不少行业顶尖专家在研讨会上发言，却没能吸引听众，因为他们传递信息的方法不吸引人。

不妨回想一下你曾经熬过多少乏味又冗长的演讲。这些演讲中绝大部分都使用了幻灯片——上面堆满了提要。演讲技巧太差会导致领导无法激励团队，企业销售额上不去，错失机会。你想做这样的演讲者吗？

演讲技巧有助于求职

求职面试是一种变相的演讲——应聘者需要推销自己，尽可能清晰、有说服力地陈述为什么自己是最佳候选人。在这种情境下，求职者需要用合乎逻辑的方式回答面试官没有直接问出来的问题。

除此之外，许多招聘都要求应聘者做演讲。这项任务是为了测试应聘者的自信、规划能力以及能否有逻辑地构建内容。

我们可以通过提升演讲技能来应对这些挑战。如果你雄心勃勃，渴望升职，那么良好的演讲技巧将会助你一臂之力。

更善于人际交往

善于演讲和善于人际交往有着密切的联系，二者都需要拥有自信，能够清晰地进行表述并且吸引他人。高效的人际交往能力可以带来竞争优势。当今社会竞争激烈，与那些能在职业道路上帮助你的人建立互信关系，对职业发展至关重要。

你所交往的人能够指导你，带给你有用的入门知识，告诉你行业信息或最佳实践。

为了扩大人际网络，建立良好的人际关系，你首先需要与人见面和结交——通常是在一些商业社交活动中。然而，很多人在参加这种活动时都会感到不安，因为不知道该说什么，或者没有自信和陌生人讲话。这是没有必要的。只要适当准备，放平心态，你就会有更好的体验。本书中许多培养演讲技巧的建议也都适用于人际交往。

有一点十分关键：第一次见面时，留下好的印象很重要，或许这能让你结识值得交往的朋友。“你是做什么的？”，面对这个常见的问题，一般人都会回答自己的职务，但“我是个律师、银行家、营销顾问、财务顾问……”这样的回答缺乏想象力，也很难被人记住。

其实大家并不关心你的职务或职业，他们只关心你能做些什么来帮助他们。

更好的处理方式是，准备一个更详细的答案，描述一下你是如何帮到他人的。这就是你的“电梯间演讲”——要在30秒之内推销自己。你可以把它想象成一次简短的演讲，可以慢慢打磨，提前准备。同样重要的是，你要清楚地描述你是做什么的，从事什么领域，这样别人才能知道你对他们有什么帮助，或者他们能把你介绍给什么人。

例如，我的职业是训练专业人员的演讲技巧，那么我可以这样介绍自己：“我开展一对一培训，帮助有抱负的专业人员在演讲时更加自信、更能吸引听众。”这远比一句“我做培训”更为具体。

练　习

试着用下面的框架构建你的自我介绍：

“我帮助（与……合作、协助或照顾）客户（顾客或任何与你有关的人）达到（成就、增长、降低、理解等）。”

虽然你与他人的初次会面不一定马上带给你新的工作或让你得到想要的职位，但如果你让人觉得非常有趣，值得一直保持联系，那么这会在将来带给你机会。

后文还会更为详细地介绍如何打造和练习一场演讲，让你更加自信地用演讲带来更大的影响力，这对你的电梯间演讲也有帮助。

职场演讲的标准其实并不高，只不过大多数人并不考虑听众的体验。只要你从本书中学会一些概念并付诸实践，你就会比大部分竞争对手更加优秀。

演讲技巧在一切工作场合都十分重要。

提　示

- 演讲任务在当今的招聘中十分常见——提升演讲技巧越早越好，这样才便于你在接受考评或参加面试时取得成功。
- 提升演讲技巧，提高你在职场的知名度和声誉，有助于让你的职位步步高升。
- 并不是人人都擅长有效的表达，实际上这个门槛很低，因此你若能抓住演讲机会，做好充分的准备，就能脱颖而出。
- 为社交活动做好准备，提前演练自我介绍——你的用词要让素未谋面的人确切了解你所从事的工作。

第 2 章

在面试和考评时做演讲：要义篇

在求职过程中，你在应聘每一个岗位时都要面对许多优秀的竞争对手，因此你在面试阶段就需要从众人当中脱颖而出。能够出色地进行演讲就是达到这个效果的一种方法。

我们一般认为，销售、营销、公关和教师等职位的应聘者需要具备良好的演讲技巧。但是，自信而清晰的表达能力可以说与各行各业的任何角色都息息相关。正因如此，面试和考评中的演讲所占的比重越来越大：面试官或考评人员寻找的是演讲结构良好且有说服力的候选者。

我曾经和一个名叫楚蒂（Trudie）的女孩一起解决过类似的问题。楚蒂是一位年轻的律师助理，她花了几个月时间也未能找到一份实习律师的工作。法律行业的职位竞争一直很激烈，并且这种状况愈演愈烈。楚蒂申请了一些职位，有几次都到了考评的阶段，但此后再无进展。她发现演讲是她的一个弱项。她在讲话时感到紧张，再加上需要在短时间内准备一场难以预料的演讲，这令她备感压力，从而影响了发挥。

每次询问应聘结果时，她得到的回复都是演讲方面需要加强，并且需要表现得更自信、更吸引听众。因此，楚蒂找到我，希望我能提升她的演讲技能，并帮助她最终得到理想的实习律师工作。我们制订了下面的计划。

- 首先，我们进行了一些即兴问答的训练，其中的问题都是她没有见过的，这能让她逐渐习惯迅速思考并做出反应。我们通过头脑风暴，列出了所有可能在面试时出现的问题，比如她是如何应对挑战的，对公司开展社交媒体营销有什么想法，以及对法律最新发展的看法。这能帮助她构建回答问题的框架，让她提前演练。这样一来，就算面试当天没有出现完全相同的问题，她手头也有了现成的材料可用。
- 我鼓励她练习做演讲。一次次起草演讲稿帮助她提升了自信，并且让她养成了在极短时间内组织内容的习惯。
- 她在众人面前演讲时，我会前去聆听，以便对她的表达方式和内容结构给予反馈。

楚蒂采纳了这些建议，并且为接下来的一次面试机会做了大量准备，最终得到了这份工作。在面试那天，面试官要求她做一个演讲，主题是如何通过社交媒体提升公司的曝光度。后来她告诉我，先前的准备工作不仅让她感到更加自信，而且能让她沉下心来专注于当时的演讲，充分展示个人能力，而无须担心忘记接下来应该说什么。

提前演练面试时的演讲内容给了你一个证明自己的机会。如果你希望被人记住，这就是你需要抓住的机会。

在本章中，我们将会讨论你在接受考评或参加面试时做演讲需要注意的关键问题。在后续的章节中，我们将更为详细地探讨如何通过练习和规划来提高演讲技能。

面试官希望看到的特质

了解潜在雇主的需求是十分重要的。下面是他们优先考虑的一些方面，你需要具有这些特质。

- 能够有效分析和阐释关键信息。
- 规划管理自己的时间。
- 组织构建内容。
- 具有商业意识。
- 表达方式有吸引力。
- 表现出自信。
- 与听众良性互动。
- 适当使用影像辅助工具（如果情况允许）。
- 能够平稳处理问题或最后关头的变数。

无论一个人对演讲有多自信，他都会或多或少地感到紧张。在竞争性质的面试环境中，飙升的肾上腺素会对你的表达方式产生一定影响。而你准备得越充分，就越能放轻松，越能沉下心来做好眼前的演讲，越能展现出自己的个性。雇主想要了解和你共事是什么样的——他们感兴趣的不仅仅是你出色的简历或长长的一列技能。他们想看到你性格中的闪光点，因此会原谅你透露出的紧张情绪。

演讲内容和表达方式都十分关键，这一点再怎么强调也不为过。你讲的话很重要，而你如何把这些话讲出来也很重要，后者甚至更为重要一些。演讲是一门艺术——随着你不断地练习演讲风格和方法，你会更好地掌握这门艺术。

即兴演讲

有时，你无法提前得知演讲内容。这种即兴演讲重点测试的是你临场反应与迅速思考的能力，而不是看你演讲的内容有多精彩。同样，在职场上，有时你也需要进行即兴演讲。

在这种情况下，你面前一般会有许多可以选择的话题。你可能需要从中选择一个进行 5 分钟的简短演讲，准备时间可能只有 15 分钟。虽然留给你的准备时间如此之短听上去非常可怕，但你其实可以在此之前做足功课。

一种方法是找朋友或同事协助你练习——让他们向你提问，你来当场作答，练习在短时间内准备答案并在他们面前演讲；他们还可以对你的演讲内容和表达方式给予反馈。话题是什么并不重要，重点在于模拟面试中的演讲环节，遵守较短的时间限制规定，训练你的思维和肢体，习惯在压力下演讲。在帮助楚蒂练习时，我也用过这种方法。

供你选择的话题可能是完全随机的，也可能与你面试的公司有关。你需要提前做点研究，浏览公司网站，研读业内的最新资讯，这些背景知识可能在面试当天派上用场。

最重要的一点在于，你需要利用较短的准备时间重点列出演讲的关键点，并且打造极富吸引力的开头和结尾。在演讲过程中，你曾经练习过的即兴问答会帮助你吸引听众。在接下来的部分，针对有准备的演讲，我们会给出一些建议，其中不少也适用于即兴演讲。

有准备的演讲

一般来说，你会提前知道演讲要求的内容——这是对实际工作需要的模拟。提前知道演讲内容也给了你充分准备的机会。

通常，对于一场 5～15 分钟的演讲，你会提前拿到需要准备的演讲主题。无论你是否打算用幻灯片，着手准备的第一步都应该是对演讲主题认真加以研究。

研究听众和行业

在收到考评或面试关于时间和标准的细节后，你得询问一下有关考评人员或面试官的信息。你要尽量知道你的演讲听众是谁，以便更好地规划内容，让演讲内容与他们的关系更加密切。

知道他们对演讲话题有多了解也很有帮助，这样你就能组织更合适的演讲内容。

如果演讲主题与公司或你应聘的职位有关，那么你显然应该从公司网站开始做研究，并了解一些行业资讯，就像上文所提到的一样。演讲内容或许会与公司的业务领域有关——你可能会被要求针对某个话题向业务经理汇报有关的意见或建议。

你针对的话题或场景取决于你应聘的行业或领域。题目一般会提出某个问题或要求你给出相关的行动方案。例如，你可能会遇到下面这样的演讲主题。

- 如果你应聘的是人力资源职位，那么你可能会被问到如何处理绩效较差的员工。

- 如果你应聘的是业务开发职位，那么你可能会被问到如何完善公司未来三年的经营策略，以及这样做的理由。
- 如果你应聘的是公务员职位，那么你要给出的答案可能是规划如何通过鼓励民众在夜间及时关灯来达到减少光污染的目标。
- 如果你应聘的是制造或工程职位，那么情境案例可能是分析某个技术问题并提出行动方案。
- 如果你应聘的是法务职位，那么你可能需要讨论某一领域的法律变化所产生的影响。

在这些情况下，演讲的目的是看你在众人面前讲话的能力。因此，虽然你对演讲主题相关知识的了解很重要，但对方真正要测试的是你的演讲结构和表达方式。

在收集好背景信息之后，你可以通过头脑风暴在纸上记下你的想法，画出思维图——不要落下任何一个想法，因为之后它们都可能会被用到。你把所有的想法都写下来后就可以布局演讲的结构了。

对方也有可能会要求你自行选择演讲主题，如果是这样的话，你就应该选择自己了解并且感兴趣的事情。不要为了给面试官留下深刻印象而专门选择某个话题。你也可能需要从一系列话题中选出一个进行演讲，比如说下面的这些。

- 介绍你自己和你的背景，包括你是如何走到今天的。
- 谈论你热衷的爱好或兴趣。
- 介绍一个你特别自豪的成就。

- 说说你是如何应对挑战的。

选择一个你可以侃侃而谈的话题非常重要——如果演讲主题让你感到轻松自在，你就有可能表现得更自信。

组织演讲内容

在收集好关于演讲主题的背景信息之后，你需要确定自己演讲的关键点。你的演讲时间会比较短，一般为 5 ~ 15 分钟。在这段时间里，你只能重点关注两三个关键点。

你的演讲材料要围绕听众来设计，也就是说要回答一个问题：你的演讲对他们而言有什么吸引力？举例来说，如果你的演讲主题是“告诉我们为什么你适合这个职位”，而不是推销自己的技能，那么你应该找出岗位要求并展现出你的技能和经验与这些需求是匹配的。

接下来，你的演讲开头与结尾需要有一定的吸引力和冲击力。开头能吸引听众的注意力，而结尾是他们最后听到的内容。二者都应该和听众密切相关。

一定要使用简单明了的语言和术语。演讲并不是要考查你的词汇量有多丰富。有时，你的确可以使用某些术语，例如一些行业术语或者与招聘方有关的术语。使用这样的术语证明你进行了精心准备，但注意不要过度使用。

有了核心内容和结构之后，你就可以考虑用故事或实例来支持你的关键点了。相比于单纯讲事实而言，故事和实例对听众更有吸引力，更容易被他们记住。关于这一点，我在第 7 章将有更为详细的介绍。

现在你已经有了清晰的框架结构，你如果选择使用幻灯片的话，那现在就可以在此框架下制作幻灯片了。

幻灯片和讲义

首先你得确认一下你的这次演讲是否需要准备幻灯片。使用幻灯片能模拟典型的业务场景，但这并不是必需的。好的无幻灯片辅助的演讲也能吸引听众，甚至远比死气沉沉、堆满提要的幻灯片要好得多。或者，你也可以选择完全不使用幻灯片，而是给听众分发讲义。幻灯片和讲义都是影像辅助工具，有利于听众更清晰地理解你的演讲内容。

确实，幻灯片是支持你演讲的工具。在第 9 章，我们会更为详细地介绍制作幻灯片的内容，但现在简要讨论一下也很重要。你的演讲时间只有短短几分钟，因此重点应该放在你自己身上——你的表达方式、自信程度以及如何吸引听众（听众可能是一个评审团或一位考评人员）。

分享一条经验法则：不要做太多幻灯片，并且尽量少放文字，以免让文字挤成一团。缺乏经验的演讲者往往会犯的一个巨大错误就是幻灯片上文字太多。文字太多很容易让听众分心，而且大多数时候他们会觉得无聊，然后就会走神。

你放在幻灯片上的任何东西都会转移听众对你的注意力，包括幻灯片切换和动画。我个人认为，幻灯片切换时应该尽可能少使用动画和特效。

许多缺乏经验的演讲者想把自己藏在幻灯片后面，还想用幻灯片来提醒自己接下来应该讲什么。然而，幻灯片并不是你的电子提词器。你的目标应该恰恰相反才对——让听众的注意力始终放在你的身上，真正和他们拉近距离。

排　练

没有什么比排练更能提高你的演讲能力了——排练至关重要。大多数人都会犯这样一个错误：花费太多时间制作幻灯片，而在练习表达方式上花的时间不够。就算你不能提前知道演讲主题，也可以多练习自己的表达方式。

计算时间非常重要，你必须确保万无一失。如果规定时间是 10 分钟，你就只有这么长的演讲时间。不要因为没有做充分的准备而导致不能完成演讲。

排练的最好方法是大声练习演讲内容，并多次演练全部演讲过程。你可以在他人面前练习并获得其反馈和建议，在心中默默排练是不够的。如果你要用幻灯片，那么排练时也要使用。

注意不要过度紧张，也不要使用分散听众注意力的肢体语言。我认为，只要你的肢体语言不会分散听众的注意力，你就可以做任何想做的动作。后文中我们将更加详细地讨论这些方面。排练能帮你缓解紧张的神经，为你打下坚实的基础，让你更好地应对当天的任何意外或演讲过程中的干扰。

你要切换到听众的频道，与他们进行适当的目光交流，同时保持谈话的语调和节奏。自然的表达和幽默给人的印象是更加自信、更有能力，但你要注意对幽默的处理。讲笑话有风险，很少有人能成功地让全场捧腹大笑。你可以用一个有趣的例子或故事来表现幽默，这样风险更小。

最重要的是，活力和热情是必不可少的。你需要证明自己真的想获得这份工作。

演讲稿

在理想的情况下，你应该准备得非常充分，尽量脱稿演讲。不过，如果你觉得手边有演讲稿会让你更加放松，那么带上也无妨。

你应该最大程度地与听众密切联系在一起。一旦你低头看稿子，你和听众之间联系的纽带就会中断。如果你确定演讲当天要看演讲稿，你就需要提前演练。你应该保持谈话的语气，与听众进行适当的眼神交流。只要练习足够多，你就不需要逐字逐句地念稿子了。

有些人认为，将完整的演讲稿打印在 A4 纸上会让他们更安心一些，这样万一遇到大脑空白就有救场的材料。然而实际上，这样做并不管用，因为面对压力，你几乎不可能很快定位到要找的地方，所以这种做法反而会拖你的后腿。更好的方法是将你的材料提炼到提词卡片上，卡片上只放关键词，这样看起来更方便。卡片比普通的书写纸好，因为卡片更小，不容易暴露你颤抖的双手。小信封大小的卡片刚刚合适，可以稳稳地拿在手心。

还有一个利用演讲稿的方法，就是将演讲稿做成思维导图，画在一张纸上（就像你在前面讲到的研究阶段所画的思维图一样），这张图可以放在附近的桌子或笔记本电脑的键盘上。在后面的第 4 章和第 5 章，我们会更为详细地讨论思维导图。

提前踩点

你最好提前了解演讲当天使用什么设备以及你的听众都是谁。

演讲时是否有投影仪和笔记本电脑？你应该提前搞清楚演讲之前是否有时间（如在茶歇时）设置好这些设备。你可能无法提前进入当天演讲的场地，但通过询问至少可以展现出你的积极性，并且像准备日常工作中的简短演讲一样进行规划——你会提前确保现场运作正常，不是吗？

即便你带着笔记本电脑去演讲，也应该用存储设备再备份一下你的幻灯片。应聘者常犯的一个错误就是弄丢或忘记带幻灯片。演讲前，你要整理一下电脑桌面，关闭所有邮件或类似应用程序；问清楚演讲时用的是哪种连接——可能是连接电视屏幕、投影仪，甚至是无线连接。如果你的笔记本电脑不能成功连接设备，至少你还带着存储设备可以使用。

你可以带上计时工具，以便控制时间。你也可以戴手表，也可以用笔记本电脑或平板电脑上的时钟，因为演讲场地不一定有钟表。

带上你的思维导图或演讲大纲，这样一来，万一电脑突然坏掉，你还可以用它们来组织语言。

最后，你可以考虑随身带上操作幻灯片的遥控设备。无论你是自己带电脑还是使用对方提供的电脑，能让自己离开键盘都是很有好处的。因为你可能无法预知演讲场地的布局，所以准备得越灵活越好。

提问环节

设置提问环节是为了检验你应对压力的能力。你要提前想好如何处理听众所提的问题。同时，你有必要告诉听众你是愿意全程回答问题，还是打算在演讲结束后再集中回答问题。

人们最害怕的是演讲带来的紧张情绪，紧随其后的就是害怕被问到不会回答的问题。其实我们可以像准备演讲内容一样来准备提问环节。不过有时，我们无法在当场对答如流，可能是因为不知道答案，也可能是因为大脑一片空白。这种情况很正常，每个人都会这样。解决这一困境的方法就是准备好一套美化版的“我不知道”，并且自信地说出来。

把握好提问环节，将优势扳到自己这一边来。这是你展示自己临场快速思考能力的机会，还能让你表达更多的内容，这些内容可能因为时间限制而无法在演讲中一一体现。

你可以预测一下对方会提出什么类型的问题，并且提前准备自己的答案。你所做的研究和准备工作对演讲环节会有所帮助。在针对听众调整演讲内容时，你可以顺便思考一下他们会提出什么问题，提前准备好自己的答案。

你的演讲时间

你进入演讲场地之后，要给自己一点时间，充分适应一下。深呼吸，停顿一下，然后在你感觉自己准备好了的时候再开始演讲。如果你在中途出现失误，集中思绪继续演讲就好——你处理失误的方式也很重要。在这个过程中，你为排练付出的一切努力都会获得回报。

提　示

- 规划演讲内容，提前进行排练——就算事先不知道演讲主题，你也可以先自己拟定一个题目，按照招聘方的要求演练一番，这有助于你形成“肌肉记忆”。
- 为你的演讲计时——有些面试官会在限时结束的时候打断你的演讲，因此你要提前规划好，在规定时间内完成演讲。
- 如果你的演讲是事先准备好的，那么随身带上提炼好的思维导图。
- 把幻灯片备份在存储设备上。
- 带上遥控幻灯片的设备。
- 把多张提词卡片的一角固定在一起，这样万一卡片落到地上，捡起来之后也是正确的顺序。
- 事后询问反馈——就像前面讲的应聘律师职位的案例一样。

第3章

职场演讲：要义篇

当前，通过清晰且有说服力的演讲来分享信息或传达决定是大部分工作的基本需求。

我们生活在数字化时代，人们能集中注意力的时间非常短，因此你需要争取听众的注意力。而即使是在开会的时候，人们也会沉迷各种电子设备，忙着查看邮件或社交媒体。这意味着你需要排除这些干扰，赢得听众的注意力。想要成功做到这一点，你就要掌握沟通技巧。

无论是哪一种演讲，研究和准备工作都不可或缺。传递信息的方式也同样重要。在下文中，我们会深入研究这些方面。练就好的演讲技巧是一生的任务，永远不会为时过早。

无论演讲内容是什么，成功的演讲者需要清楚以下几点。

- 听众是谁。
- 听众为了去做或思考某些事，需要了解什么。
- 寻找让演讲内容更加适合听众的方法。
- 清楚演讲的目标和结果——你想要达到怎样的效果，希望听众做什么。
- 花时间好好准备。
- 一定要排练。

记住，既然听众抽出时间来听你的演讲，你就不能让他们的时间白费。

职场演讲的形式多种多样，包括销售简报、培训课程推介和团队会议等。每种演讲都有不同的目的。

信息分享与会议

给你的团队、业务经理或董事会更新近况或做报告是职场中很常见的场景。日常事务一般以团队合作的形成来完成，这就意味着你要面向团队或部门做演讲，或者代表他们向别人做演讲。

我们花在会议上的时间很多，不管是面对面会议还是电话会议。会议是团队成员进行沟通的有效途径，但有时也可能会离题千里、浪费时间。如果召开会议的方法得当，那么高效的会议便能提升生产力、推动业务或项目的合理规划和进展。

你若刚刚踏入职场不久，可能还决定不了会议的议程，但很有可能需要在会上就自己负责的工作进行几分钟的发言，向团队汇报进度或分享体会。你虽然无法掌控整个会议，但至少可以掌控自己的部分，即使你的部分只有 5 分钟。这是一次发言机会，你可以将本书中的许多技巧（如组织内容和排练等）应用到自己的演讲中。

社交活动和业务发展

在第 1 章中，我们讨论过如何打造自己的品牌和建立人际网络，以助推你的职业发展。对于很多公司而言，社交活动都是业务发展的重要方面。做生意离不开人际交往。社交活动为人们提供了一个机会——结识决策制定者，从他们身上获取信息并探寻潜在的合作契机。

社交是一种技能，但很多人并不擅长这项技能。在社交活动中，你往往会看到许多人一整晚都和同样的几个人待在一起，因为他们没有办法在这样的场合自如地交流并结识陌生人。活动结束时，他们可能手里拿了一大把名片，最后却和名片的主人再无联络。与人结识并在此之后进一步发展关系，对于进行广义上的有效沟通来说十分重要。

不仅是在社交活动上，在其他许多场合你都需要解释自己或你的公司做什么业务以及如何帮助自己的客户。在更广泛的层面上，业务发展策略包括在喝咖啡或午餐时与客户会面，也包括会议或研讨会等业内活动。

管理和领导

随着资历的不断累积，你会承担更大的责任，也会开始从事管理工作。了解如何让你的团队发挥出最高水平非常重要。练就良好的演讲技巧有助于你主持团队会议，激励团队成员，与同事更有效地沟通，以及通过与他人合作来取得成果。管理者的部分职责就是找出并处理绩效管理方面的问题。有些时候，这就意味着要进行高难度的交流。有效的沟通可以在这些困难的情况中为你提供帮助。在你参加的许多会议上，你需要向高管人员汇报工作或者获得他们的支持。同样，良好的演讲技巧至关重要，因为此时你面对着更加重大的利害关系。

演讲技巧是领导者不可或缺的技能。历史上，像温斯顿·丘吉尔（Winston Churchill）和马丁·路德·金（Martin Luther King）等著名的领导者都有很强的演讲能力，能够慷慨激昂地鼓舞民众。在本书中，我会讲到苹果公司前首席执行官史蒂夫·乔布斯（Steve Jobs），他经常被认为是史上最好的企业发言人之一。除了与产品发布有关的宣讲，2005 年，他还在斯坦福大学的毕业典礼上进行了一番振奋人心的演讲，讲述了三个自己的故事，分享人生经验。脸书（Facebook）的首席运营官谢丽尔·桑德伯格（Sheryl Sandberg）也是很好的演说家。她用自己的 TED* 演讲及著作《向前一步》（*Lean In*）带动起一场鼓励妇女把握机会的运动。

好的领导者往往也是出色的演讲者，十分具有影响力。

练　习

列出五个你钦佩的领导者，可以是名人，也可以是你的工作圈子或社区里的人。你觉得他们在众人面前演讲的能力如何？他们是如何激励别人的？

开展培训

一些组织设有负责学习和发展的部门，这些部门会组织员工培训。但是，有时你自己也需要扮演培训师的角色，为你的团队或客户进行业务指导。

在我合作过的许多律师事务所看来，送员工去参加培训无疑是

* TED 是一家从事演讲的非营利组织，关注的领域主要是技术（T）、娱乐（E）和设计（D），每年举办一次大会。——编者注

一笔大额投资。这笔投资不仅仅包括支付员工参加课程的费用，还包括员工暂时不能工作带来的损失。为了让投资的效益最大化，企业往往会让员工培训结束之后进行回顾和总结，并在团队会议或小型研讨会上分享心得体会。这有许多好处，包括鼓励参训员工分享知识和练习演讲技巧等。人们常说，教给别人新知识是你自己消化新知识的最好方式。另外，这可以让你在某个领域成为“专家”——同事有问题就会去问你，从而提高你的声望和知名度。

投标演讲

如果你参加了一场投标并且已进入最后阶段，那么在通常情况下，即使你的出价有一定竞争力，讲标也是决定性环节。同样，在正式的投标过程之外，潜在客户希望你说明：既然你和竞争对手提供同样的东西，他们为什么要选择你，你的组织或团队有什么不同之处。能否讲清这一点关乎你最终是赢得新客户，还是错失好机会。

会议演讲

在会议上演讲是一个提升个人形象和公司形象的好机会，能让你受到竞争对手和潜在客户的关注。当你在会议上发言时，人们会认为你具备一定的专业水平，因为在这种场合发言的人并不多。然而，很多人不愿意在这种场合演讲，因为在同行、业界领军人物和有影响力的人物面前讲话，他们会感到紧张。然而，正是这样的会议才能让你成为行业专家。

公关采访

接受媒体采访，发表专家意见或者分享新产品、新服务的进展，都是某种形式的演讲。和会议演讲一样，这有助于提升个人和公司的形象。

结识更广泛的群体

除了在商业活动中对客户或潜在客户演讲外，许多组织还与社区的其他群体进行接触。我是妇女工程学会（WES）的理事，该学会的目标之一就是提高女性在科学、技术、工程与数学领域的职业意识。我们积极鼓励妇女工程学会成员去学校做演讲，为年轻人提供更多的信息，鼓励他们从事这些领域的工作。该学会的年轻工程师经常去中学和大学给学生做演讲。

还有一些其他的例子，比如说建筑师与地方政府部门合作进行演讲，对象是拟开发地区的居民。此类土地开发项目对人们的生活有很大的影响，十分敏感。在这种情况下，演讲者必须提供丰富的信息，顺应民众情绪并且具有说服力。

演讲技巧与职业发展

在你的职业生涯中，你会遇到很多诸如此类的情况。你的职位越高，需要发言的场合就越多。长此以往，你的知名度就会越来越高，升职的机会也就越来越大。在你初入职场时，如果你能和很多人有效地交流沟通，那么资历更深的同事便会注意到你。工作能力很强的人不少，但演讲能力出色的人不多。你如果能培养全面的技能，就有更多机会负责与客户打交道，最终通过投标和会议演讲等方式稳步推进业务发展。

树立思想领袖的声望能给你带来演讲机会，进而产生丰厚的回报。会议组织者总是在寻找优秀的演讲者。纵观全球商界，理查德·布兰森（Richard Branson，维珍品牌创始人）、艾伦·休格（Alan Sugar，英国商业大亨）和卡伦·布莱迪（Karren Brady，“足球第一夫人”）等都是演讲高手。邀请他们做主题演讲的费用十分高昂。同样，体育明星受邀在企业活动和会议上发表演讲的费用也相当可观。当然，这些只是名人的例子。其实，大多数人对很多行业思想领袖都不了解，因为我们不在相关领域工作。而世界上有成千上万的会议需要此类优秀的演讲者。

提　示

- 不论准备什么会议，你都要事先规划好说什么，以及你想让听众得到什么。
- 排练自我介绍，为社交活动做准备，这样他人就能清楚地了解你，你还可以邀请听众提出更多的问题。
- 规划你的职业生涯，寻找演讲机会，提高你的声望和知名度。
- 研究你欣赏的领导者，分析他们是如何激励和鼓舞听众的。

第 4 章

如何为演讲做准备

当今世界的节奏比以往任何时代的节奏都快。我们习惯了想要什么就立刻能得到，这也对我们的生活和工作产生了重大影响。在此背景下，你或许很想在准备演讲时也走捷径，因为时间非常宝贵。然而，你花在准备、起草、完善和排练演讲上的时间其实能带来极大的回报。

每当提到职场演讲，很多人都会觉得其成败完全取决于幻灯片。他们认为幻灯片是演讲的关键，于是一头扎进幻灯片制作软件中，立刻开始码字。然而，这样做效果极差。幻灯片固然重要，能为听众带来更多有价值的信息，但并不是每一场演讲都需要幻灯片。不要默认幻灯片是演讲的必备之选，你应该想一想幻灯片能带来什么额外的价值。你如果确定要用幻灯片的话，也要在规划好整个演讲之后再制作幻灯片，这样才能发挥其最大价值。我们会在第 9 章讨论设计出色的幻灯片的具体步骤。现在，我们首先来关注演讲的准备工作。我想要做的是鼓励你，因此首先会关注你以及你要传递的信息。幻灯片不是演讲的灵魂——你才是。

准备工作为何重要

只有对演讲进行充分的准备，才能说明你既关注了要传递的信息，又关注了听众的体验。这让你更有说服力，更容易赢得听众的支持，从而有利于提升你的个人形象和职业前景。随着你的经验越来越丰富，留给你的准备时间会越来越短，你的效率也会变得更高，并将拥有一套可以反复使用的素材（后文会详细讨论这一点）。

为了给将来或现在的雇主留下深刻印象，你需要打造有说服力和影响力的内容。但是，在开始研究内容之前，让我们先考虑一些资源和领域，你可能会在准备时从中找到构建内容的素材。

进行研究，寻找演讲素材

要想让你的演讲真正发挥作用，适当的研究是必不可少的。假如你雄心勃勃，希望在自己的职业生涯中开创一片新天地，那么你本身可能已经掌握了某个组织甚至某个行业的现状，或者了解对特定的利益相关者来说什么是重要的（对你而言，利益相关者有可能是同事、经理、客户、供应商或类似的人——基本上可以说是任何与你的工作相关的人）。不过，还有一点也很重要：不要过度自信，而要通过学习和研究不断提高你对行业的认识，从而帮助你更好地演讲。

下面是一些很好的素材来源，可以作为演讲的基础。

- **专业订阅渠道：**无论你是下定决心要踏入新的行业，还是已经成为某个行业的一名从业者，订阅业内的专业杂志都可以让你深入了解最新趋势、思想和热点，它们可能与你的听众密切相关，而且能为你的演讲提供有用的背景知识，同时也能为回答一些困难的问题做些准备。
- **社交媒体：**尽可能多地在领英等社交媒体上关注业内有影响力的人，

这样你就能获得不少好的点子，以及一些重要文章的链接。

- **关键词搜索：**用互联网搜索你的演讲主题和关键词，找到最好的网站、文章、高质量在线出版物中的报告、播客和视频。你并不需要在演讲中涵盖这些资料的所有细节，但更深层次的知识有利于你开阔视野，也能在你的言谈中表现出来。当前，免费信息的来源多种多样，这些信息都是你的灵感源泉。
- **TED 演讲：**在准备过程中，你可以观看并学习其他的演讲，获得关于演讲主题和不同演讲风格的想法。我在本书中多次提到 TED 演讲，以此来解释演讲技巧，因为这些演讲可以在网上免费获取，而且对于学习演讲风格有非常大的帮助。
- **电影和书籍：**看电影和读书不仅是娱乐方式，还能助你获取优质的演讲素材。有时候，电影里的故事或例子可以为你的演讲增添趣味。在后文中，我们会讨论讲故事和介绍复杂信息的方法。总之，看电影和读书能让你跳出固有的思维定式，思考如何获取素材。
- **与人交谈：**争取与行业专家或对该领域有真知、有洞见的人交谈，无论是通过社交活动还是电子邮件都可以。你如果没有办法接触到目标行业的这类人物，那么也可以请教自己身边的人。想想你自己圈子里的人以及你认识的其他行业的人是否有一些有用的见解。你总有办法找到好素材，为演讲积累精彩的内容。

建立资源库

我鼓励你建立自己的演讲资源库，其中应储存各种各样有价值的点子。这样一来，你若被要求做演讲或突然得到演讲机会的话，就不需要对着一张白纸苦思冥想，无从下手了。资源库还能在你接到紧急面试通知并需要做演讲的时候派上用场，而且能帮助你应对日常工作中准备时间很短的演讲。

你如果真的找到了有用的资料，认为日后派得上用场，那就应该好好保存起来。是不是经常有这样的时候：你的脑海中突然出现一个好点子，你连忙告诉自己要记在心里，然而一旦开始忙接下来的事情，先前的好点子就消失得无影无踪了？你可能曾想出一个好故事，或者在别人的演讲中听到一个有趣的例子，抑或上下班路上刷社交媒体时在某篇文章中看到一张信息图表。无论何时，只要你的脑海中灵光一闪，你就应该将相关信息记录下来。

对于自己感兴趣的领域，我听了很多不同的播客，例如“哈佛商业评论”（Harvard Business Review）和“社交媒体营销”（Social Media Marketing）等。如果我听到什么好的例子，那么我会立刻做笔记，想办法把例子收藏好，或者把某个想法记录下来。我会尽快给自己发一条信息或一封电子邮件，这样我以后有案可查，不会忘记了。我若是在网上阅读，就会把有用的文章收藏起来或保存为 PDF 文件，方便以后阅读。读订阅的报纸时，我也会这样做。这对我准备演讲和研讨会的内容非常有用，能帮我收集有趣的故事或事实，支持我表达至关重要的观点。

我认为，无论遇到什么，只要你喜欢，你就应该想办法收藏起来，供以后参考。比较原始的方法是用笔记本记下来。还有很多数字化网站和应用软件可以帮你整理这些内容，例如印象笔记（Evernote）、口袋笔记（Pocket）和阅读应用 Feedly 等。

通过建立资源库，你可以积累适用于所有演讲类型的素材。新闻、事例、研究数据甚至故事都可以派上用场。我们会在第 7 章讨论如何讲述你自己的故事并将它们收藏到你的资源库中。

演讲前进行头脑风暴

做完研究之后，你就可以针对演讲主题勾勒出一些想法了。在这个阶段，你可以写下所有的点子和想法，充分利用大脑中储存的资源。

在这个阶段，数量比质量更重要。如果你未经充分思考就匆匆开始编辑，那么你的演讲就有可能包含过多你想要分享的内容，而不是听众需要听到或觉得有用的内容。你最好拿一张没有横线的大号白纸，横过来（水平而非纵向），以便有更大的空间让你勾画。你不妨把演讲主题或关键信息写在白纸中央。然后，随着你的想法越来越多，你可以从白纸中央画出分枝，添加不同的子主题或想法，将它们分类组合在一起，画成蛛网图或思维导图。

这对于那些具有很好的视觉感知能力或创造能力的人来说很有效。如果你习惯了直接制作幻灯片，那么预先画思维导图的方法一开始可能会有点儿奇怪，但是一定要坚持下来。画好之后，你要把这张纸放在一边，几天之后再回过头来看看。这时你会惊讶地发现，还可以在纸上增加内容。如果画上图像，这张图会更加丰富（当然，这取决于你的绘画水平）。

你可能无法抽出很多天的时间来进行这个阶段的准备，因为在你接到通知之后往往很快就要演讲了，或者在接受考评之前你只有几分钟来准备演讲，并不会拥有几天或几周的时间。在这种情况下，用这种方式来勾勒出你最初的想法依然非常有必要——要把相似的想法列在一起。然后，你就可以集中注意力并选择最好的观点来构建你的演讲了。

在每一场演讲之前，我都会重复这个过程——无论是为期两天的研讨会还是 45 分钟的主旨演讲。随着研究的不断深入，我会画出不同版本的思维导图，浓缩成只有关键词的最终清稿，关键词按照演讲的顺序来排列（你如果擅长绘画，也可以考虑在上面画图）。这就是我的示意图或者说演讲蓝图，我会带上它去演讲。万一现场幻灯片不能播放，或者我的大脑突然一片空白，我还可以用它来救场。我会把这张图放在演示幻灯片的笔记本电脑的键盘上，或者放在手边的桌子上。我还会把这张图放在包里随身携带，这样我在路上或在会议的中场休息时都可以看一眼。这样一来，我就能加深记忆，牢牢记住演讲内容和顺序，在关键时刻可以完全脱稿演讲。

我仍然保留着第一个版本的思维导图——这张图包含的信息比真正演讲时包含的信息表要多得多。这是非常有用的背景信息，有助于为提问环节做准备，或者作为下一次演讲的素材，甚至可以写成一份更详细的报告。

思维导图的流行要归功于英国著名心理学家、畅销书作家兼电视节目主持人东尼·伯赞（Tony Buzan）。你还可以从许多其他的资源中（如网站和书籍）找到更多素材。你如果以前从来没有见过思维导图，那么可以从网上商店找找相关书籍，浏览一些展示的样章，其中应该有思维导图，看过之后你会受益匪浅。

这种规划方式最大的好处就是可以将关键主题或子主题按照分类归纳成几组，这些主题是从演讲主旨中延伸出来的。

图 4-1 就是一个示例，展示的是我用免费网站 Mindmup.com 制

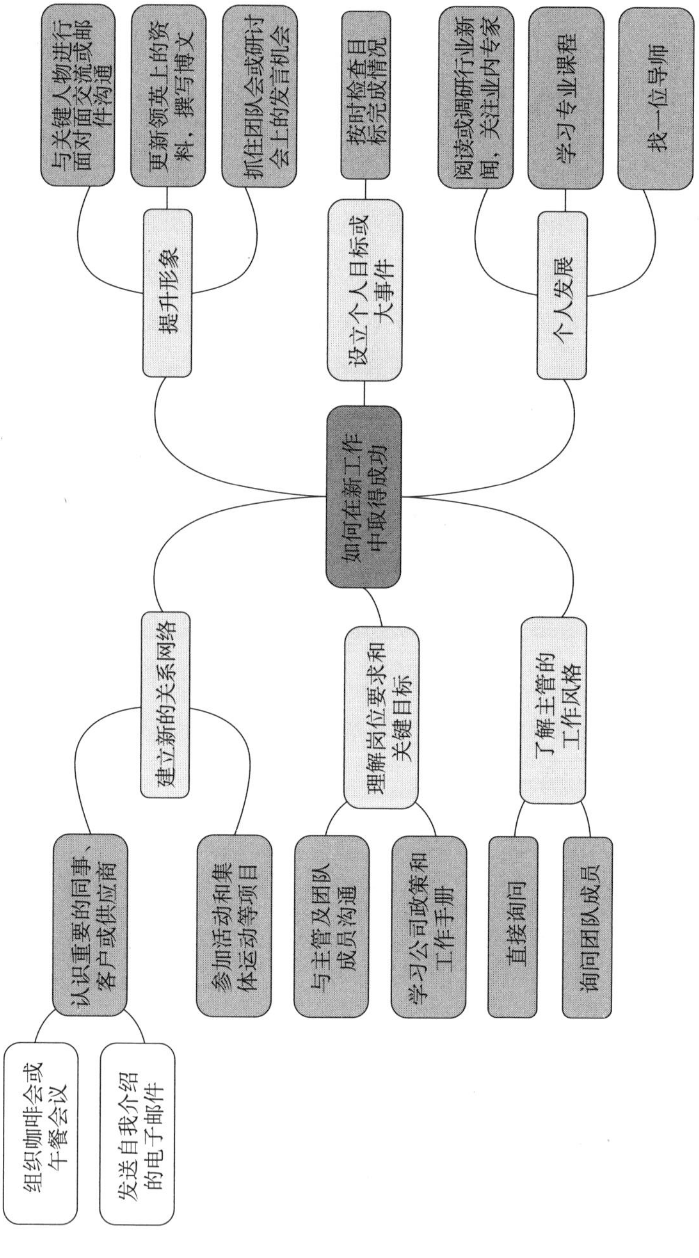

图 4–1 用 Mindmup.com 制作的思维导图

作的思维导图。

在这张图中，我的主题是“如何在新工作中取得成功”，并添加了一些子主题作为分枝。从这张图上，你可以清楚地看到各个关键点。实际上，你可以按照任何你希望的方式排列这些关键点，并且根据重要程度标记成不同的颜色。

练　习

你为什么不试着画一张自己的思维导图呢？你可以选择与你的工作或组织相关的话题，也可以选择与工作无关、你感兴趣的话题。

如果你想使用数字工具的话，那么市面上有很多制作思维导图的工具和应用。制作电子版思维导图的好处是，你可以随时编辑，还能保持版面整洁，并且保留多个版本，方便储存和打印。

为什么出色的演讲需要排练

排练演讲是必不可少的步骤，这其中的原因有很多，我们会在整本书中重复讨论这个话题。排练最大的好处是增强你的信心，并且熟悉时间限制。看完这一部分，希望你能认识到排练可以创造更好的听众体验。如果你足够熟悉你的演讲内容和幻灯片（假如使用幻灯片的话），你就能放松下来，专注于演讲表达，不需要时刻都想着接下来该说什么。这会令你更加自信——你知道自己准备得非常充分，就算一时紧张也能挺过去。通过多次排练，你可以解决任何难题，而且这意味着你真正进行的演讲已经不是第一次了，你也不会完全面对未知的情况。这在很大程度上能缓解紧张情绪，因为你在排练过程中已经从头到尾把演讲过了一遍，有机会体会站在台上是怎样的感觉，以及感受自己的声音听起来是什么样子，等等。

你能即兴发挥吗？我知道不少人喜欢尝试即兴演讲，不做任何准备，有些人确实成功了。积累经验会在一定程度上提升即兴演讲的能力。擅长即兴演讲的人能够在短时间内勾勒出一个大纲，再利用事先准备好的故事或例子进行演讲，而这些故事或例子已经在听众面前测试过了。

然而，在绝大多数情况下，如果没有经验的演讲者试图进行即兴演讲，那么听众会明显觉得自己是被一个准备不足的人骗来听演讲的。要记住，你来演讲的目的是说服别人，让他们相信你。为了让你的听众从演讲中得到价值，你需要付出一定的努力。

你练习得越多，肌肉记忆就越多。就像健身一样，只有在锻炼几周或者几个月之后，你才能体会到健身的好处，感觉自己变得更健康、更强壮。如果你希望去一次健身房就能练出六块腹肌，那是永远不可能的。培养和打磨你的演讲技巧也是如此。

如果你的时间不够，还有其他紧迫的任务需要赶工或者你只有很少的时间来准备，那你该怎么办呢？在这种情况下，即使你只把演讲内容大声演练一次，也比完全不排练要好。实际上，并没有很多人会事先进行排练，因此只要你愿意付出努力，就能领先别人一大步。

如果你要用幻灯片，一定要提前用幻灯片排练演讲。这能帮助你熟悉幻灯片的顺序，让你不需要经常回头看屏幕，从而能和听众进行更多的目光交流。

反　馈

只有取得别人的反馈，你才能了解听众听你演讲后的效果。一个好方法就是在同事或朋友面前练习。他们不一定要了解你所谈论的行业领域，相反，如果他们对你所介绍的领域一无所知，但是仍然能够理解你所讲的内容，那就说明你的演讲是成功的。

关于反馈，有一点很重要：要记住这只是别人对于某件事情的看法。处理这些反馈的方式完全取决于你自己。寻求反馈是很有价值的，因为每个人看待世界的方式与别人不同。反馈给了你调整和改进的机会，以便更好地服务于听众——无论听众是考评人员还是董事会成员。

回看演讲视频和录音也是一种很好的反馈方式——借此你可以从听众的角度出发，感受他们听你演讲后的效果，从而给你带来许多启发。如果你能用视频录下自己的排练过程，你就可以通过回放录像来确认自己的表现——我们想象中的自己与向外界呈现的自己往往是不同的。不妨和其他人一起看回放，询问他们是否认为你的表现反映了你的真实性格，以及你传递的信息是否清晰。你可能觉得你的语气非常友好、平易近人，但在看回放时就会发现自己显得太正式而给人不好接近的错觉。你在演讲时很有可能一直处于紧张状态，但不看回放的话，你是很难意识到的。这种类型的反馈能让你意识到自己的问题所在，帮助你做出调整。

虽然反馈意见可能会让你感到不安，但你也没有必要把演讲录像这类材料都展示给别人看！几年前，在我准备 TEDx* 演讲时，我用手机录下了自己的演讲，然后戴上耳机在上班的路上听。没有人发现我在听自己的演讲录音，而且我也没有一直有意识地认真听，但通过这种方式，演讲材料烙印在我的脑海中。这个方法帮助我加深记忆，这样我就可以专注于演讲表达，而不必时刻回想接下来应该说什么。

使用以前的演讲

很多人会使用以前同事做过的演讲。这也无可厚非，因为确实没有必要费力气做重复的工作。但是，你要确保自己检查过内容，不要忘记更新任何需要修改的内容——流程、法律或数据等，如果用曾经对某个客户展示过的幻灯片为其他客户做演示，你还要检查是否有任何敏感的客户信息。我们在上文曾经说过，幻灯片不是演讲的灵魂，你应该让自己的内容和表达更有个性。

持续提升的长期策略

你如果想在一段时间内不断进步，就应该定期找机会在听众面前演讲。从长远来看，积累经验是提升演讲技能的最好方法。

无论你目前在哪里工作，都要寻求机会发言。你会主动在团队会议上做简短的培训报告，或者在你的组织举办的客户研讨会上做

* TEDx 是 TED 粉丝自发组织的不定期活动项目。——编者注

自我介绍吗？即便你只是在团队会议上用几分钟时间进行一个简短的汇报，这也对你提升演讲技能大有帮助。

你也可以加入类似于国际演讲会（Toastmasters）这样的演讲俱乐部。如果你以前没有听说过这个组织，那么我在这里简要介绍一下。国际演讲会是一个非营利组织，在世界各大城市都设有演讲俱乐部。只要缴纳少量的会费，你就可以成为俱乐部的一员，参加每周的例会，在十分友好且绝对支持你的听众面前练习演讲。这样做有两个好处：让你习惯于在众人面前发言，同时得到有用的反馈，帮助你提高演讲技能。

在本书的开头，我分享了我自己无比恐惧在公开场合做演讲或演示的经历。而在我提升自信和掌握演讲技巧的过程中，演讲俱乐部给了我很大的帮助。在很多年里，我都是演讲俱乐部的会员，并且利用这个机会锻炼自己的演讲技能。随着自己越来越有经验，我开始尝试在俱乐部里做一些工作上的专业演讲，并获得了初步的反馈——这个过程有点像喜剧演员在测试新的素材。

演讲俱乐部还有一个好处，那就是每次例会都设有即兴演讲环节。演讲者需要就某个话题进行一分钟的演讲，而且只有在走上讲台之后才能拿到演讲题目。这是一个让你习惯快速独立思考的好方法，能帮助你应对职场演讲结束后的提问环节。

演讲稿

在演讲时带上演讲稿完全没有问题——不要一直低头照着稿子读就好。你如果要使用演讲稿，一定要在排练时就开始使用，这样才能体会演讲稿拿在手里是什么感觉，并且在低头看稿和抬头演讲之间找到平衡，与听众保持目光交流。

对于一些人来说，将演讲的全部内容打印在A4纸上就像是给他们上了一道保险，让人安心。然而，这样做其实问题很大——文字很小，密密麻麻，一旦忘词很难马上找到这句话的位置，因此这样的演讲稿并没有什么用处。另外，万一你感到紧张，颤抖的手拿着纸会更容易出卖你！这种情况比想象中的更常见，甚至对于高级管理人员也是如此。当演讲者满头大汗地想从长篇大论中找自己讲到哪里时，听众难免会感到尴尬。

利用笔记的更好方法是在提词卡上写好关键词——卡片的大小应该合适，放在手心刚刚好。不妨用粗记号笔写字，这样你在快速低头时能看得更清楚。与其写完整的句子，不如写下一两个词语来提醒你接下来该说什么。这样你就不会一味地低头念演讲稿，但是万一忘词，又能得到提示继续进行下去。如果你花时间准备演讲内容并且排练了几次，那么你很有可能根本不需要演讲稿了，带上演讲稿只是让你更安心而已。（小提示：把多张提词卡片的一角固定在一起，这样万一卡片落到地上，捡起来之后也是正确的顺序。我经常看到演讲者把卡片掉在地上，捡起来之后顺序错乱，而解决方法其实非常简单。）

另一个方法就是使用前面讲过的思维导图或内容框架。

你如果用幻灯片演讲，那么也可以在幻灯片中添加注释。制作幻灯片的时候，你会注意到每张幻灯片下面有一个可供输入任何内容的空白区域。有些演讲者用这些区域来放演讲稿。这种方式的优点是，播放幻灯片时，只有你能在笔记本电脑上看到这些文字，因为你的“演示者视图”与投影或屏幕上的视图不同。缺点则与纸质演讲稿一样——文字太小，会导致你一直低着头，难以与听众建立沟通的纽带，而且你不得不一直抱着电脑，不能四处走动。不同的演讲场地有不同的布置，笔记本电脑可能固定在讲台上，也可能放在房间角落的桌子上，离你演讲时站的地方很远。我个人不推荐这种方式，因为风险很大，但是每个人的情况不同。

你可以选择最适合自己的方式。最重要的是尽可能多地使用演讲稿练习，这样你对演讲稿的依赖度就会降到最低，并且能找到手握演讲稿的感觉。

即兴演讲

我在前文分享的很多经验都适用于即兴演讲，道理是一样的。不同的是，你预先不知道演讲主题是什么，准备时间也更少。尽管如此，你仍然可以在本章得到一些建议，获得演讲的成功。

你可以着手建立自己的资源库，这样就可以在短时间内找到有趣的材料来演讲。虽然你可能无法把笔记或其他资源文件带进考评现场，但这些材料可以帮助你进行更好的准备。演讲或考验解决问题能力的典型话题包括如下三个方面。

- 为业务问题提出解决方案。
- 从头开始制订营销计划。
- 讨论某一行业的新发展。

虽然你不知道当天会抽到什么话题，但还是可以按这三种典型话题进行准备，这对你很有益处。回想一下在中学或大学准备考试的情景——你不知道会考什么题目，因此就熟记课程内容，做以前的试题。

准备即兴演讲和这很像。你可以研究自己应聘的公司的网站，从中获取有用的信息，包括它们的业务重点和客户可能是谁等。你还可以研究行业或市场空间的现状。面试之前，你应该熟悉这些背景信息，这样就可以更恰当地将其应用在演讲中。

练　习

如果你正在准备一次考评或面试，那么你应该尽可能多地了解你申请的职位和公司——它们面对的潜在问题是什么，它们擅长什么，目标市场是谁。根据上面的建议，利用头脑风暴列出一些可能的问题，然后请一个朋友从中随机选出一些向你提问。你还可以严格把握时间限制，模拟只有 15 分钟发言时间的演讲场景。

你可以用头脑风暴勾勒出想法，把事先你熟悉的信息融入调查研究中——即便在考评之类的情况下只有几分钟的准备时间，你也可以这样做。在下一章中，我们会讨论如何组织演讲，并且绘出蓝图。无论是有准备演讲还是即兴演讲，你都可以使用这项技能。

最重要的是，你可以从现在开始，通过寻找发言机会并且获得反馈来提高自己在台上的表现力和表达能力。

提　示

- 研究行业和话题——利用社交媒体、网站、博客、报纸、文章、播客及 TED 或优兔（YouTube）网站上的演讲视频等，还可以请教他人，获取资料。
- 使用 Feedly 等网站来收集或记录日后可以用到的文章或博客。
- 使用思维导图或蛛网图来进行头脑风暴，添加更多内容——在这个阶段先不要急着开始编辑内容。
- 一定要为排练和反馈留出时间。
- 参加演讲俱乐部，定期练习。
- 寻找机会，在工作时发言或者在工作之外的会议上讲话。

第5章

如何组织演讲内容

确定了听众的需求和你要分享的主要信息之后，你就可以通过调查研究和头脑风暴来继续组织演讲内容了。你手上的信息必然比你能分享的信息要多，因此你必须选出恰当的要点，并且选择以尽可能对听众有意义的方式来组织内容，这样才能达到演讲的整体目的。

演讲是否清晰以及能否达到目的与演讲结构息息相关。如果结构很差，那么听众可能会觉得你只是在台上东拉西扯，继而丧失兴趣，演讲也就不会产生任何效果。

反向思考

虽然这听上去似乎不合常理，但是你应该想想你希望听众听完演讲之后怎样做。你或许希望他们：

- 采取行动或做某事，例如采用一种新的技术或工作方式。
- 换个方式思考或受到启发，比如在工作中支持某个企业社会责任项目或创新项目。
- 转变行为方式，比如愿意在部门之间更加公开地分享知识，以便更好地为客户服务，而不是担心客户被抢走。

弄清楚这一点对于你规划接下来的演讲很有帮助：你的演讲必须有重点，能产生你希望的效果，演讲不应该仅仅是分享信息。你如果不知道最终的目的，就很难规划演讲内容——你可能会东拉西扯，泛泛而谈，无法传递想要表达的意思。

开场白和结束语

开场白和结束语一首一尾，可以说是演讲中最重要的部分。开场白应该抓住听众的注意力，结束语则是他们最后听到的内容，因此这两部分应该令听众回味无穷，从而给他们留下深刻印象。我们将在第 10 章中更为详细地讨论这部分内容。现在请记住你想给听众带来什么收获。

明确了你希望在听众身上达到的效果之后，你就可以组织演讲内容了。

筛选要点或信息

在第 4 章，我们讨论了头脑风暴。现在，你应该选出支持演讲要点或关键信息的内容。做选择时，你要坚决果断。

保持内容清晰明了，要点简单易懂，不能重复堆砌。简单是第一原则，但这并不意味着必须简化演讲内容，而是应该避免使用冗长的句子和复杂的术语，除非是在绝对必要的情况下。优秀的演讲往往都简单明了。

你可以想象一下，在演讲之前，你的听众在A点，而你的演讲目的是把他们带到B点。你要做的就是利用不多不少的内容将A点和B点连接起来。

演讲者最常犯的一个错误就是在演讲中包含太多的内容。这主要是因为，我们认为凡是我们了解的相关知识都应该分享给听众，而且常常认为这有助于展示自己的知识水平，增加可信度，还能给听众留下深刻印象。实则不然。其实，这只会让听众淹没在过多的信息中，无所适从。如果听众需要花费很多精力筛选信息才能理解要点，他们就很容易走神并因此漏掉关键信息。

一般来说，考评人员和面试官在候选人身上寻找的是提炼关键信息的能力，他们希望候选人能用清晰和有说服力的方式将信息表达出来。学习如何以这样的方式组织演讲内容，对你的成功大有帮助。随着事业的发展，你会成为管理者和领导者，有效沟通是一项关键技能。

一方面，你要克制自己，不能把你了解的关于某个话题的所有知识一股脑地倒给听众；另一方面，你要选择在演讲中突出哪些重点内容。

实际上，演讲越简短，你花在甄选信息上的时间就越多，因此要留出充足的时间来准备。前面提到过，大多数人在职场演讲中会遇到这样一个关键问题：因为他们想要和听众分享所有的知识，所以给演讲注入了太多的无效信息。然而，正如前文所讨论的，演讲应该只包含必要内容，信息量太大的话，听众会不知所措。如果你的演讲时间很短，你就需要狠下心来削减更多内容，这可能是一个比较大的挑战，因为这样一来听众需要了解许多背景知识，但因时间所限，你无法一一介绍。你要从听众的角度出发，在演讲中涵盖他们需要的内容，而不是一味添加自己想要分享的东西。你可能要在多次修改演讲稿之后才能提炼出最重要的内容。

每时每刻，我们都在被数以百万计的信息狂轰滥炸——从我们周围的气温，到在嘈杂的开放式办公环境中阅读电脑屏幕上的文字。我们的意识无法处理每分每秒的细节，因此我们只能选择关键的信息，解决眼前最重要的问题。为什么说这与演讲有关呢？因为每一位听众过滤信息的方式都有所不同，关注的信息也不同。准备演讲的时候，你要确保突出关键信息，明确地将其呈现给听众，避免产生歧义。

自 2010 年以来，优兔网上流传着一段名为《传球试验》（*Monkey Business Illusion*）的精彩视频，值得一看。这段视频非常具有启发性，强调了在相同的环境下，不同的人会关注不同的事情。

有两队人在传球，一队穿白衣服，一队穿黑衣服。视频要求观众数一数白队球员传球的次数，与此同时还有一些其他的事情发生。如果你还没有看过，我在这里就不过多剧透了。每次我给一些人播放这个视频的时候，大部分人都会漏掉一些东西——虽然看的是同一个视频，但人们会注意到不同的东西！目前，我还没有见过有哪个人能够在第一次看这个视频的时候就发现所有的变化。

从这样的实验中，我们学到一个重要的经验，那就是我们需要引导观众，帮助他们关注关键信息。做法就是保持简单，并且突出要点，加以强化。

我可以举一个简单的例子。年轻时，我曾做过诉讼律师，那时我处理了很多道路交通事故案件。为了调查，我必须采访目击者并从他们口中获得证词。每个案件中，目击者虽然看到的都是同一件事，但他们的记忆往往会有出入——他们所描述的车速、事件先后顺序甚至汽车的颜色都会不一样。这并不是因为他们的记忆不准确，而是因为他们的视角和理解事情的方式不同。

这一点很重要，因为我们所看到的世界往往并不是其真实的样子——我们看世界时有自己的想法，带着不同的滤镜和偏见。我们关注的往往是自己想要关注的方面。

你可能认为自己讲得很清楚，但听众的知识范畴可能和你的不一样，或者不像你那样熟悉演讲话题。经过了准备阶段之后，你会非常熟悉演讲的内容，但听众往往不熟悉这些——他们可能是第一次听到这个话题。因此，在撰写演讲稿时，设身处地地为听众着想很有必要。听众的知识水平如何？演讲内容对他们来说有意义吗？是否从头到尾都容易理解？

因此，最终你选择放入演讲中的要点应该只有三到五个。越简单，效果越好。

在前面的章节中，我们讨论了在听众面前排练。排练的过程对于检验你的演讲内容也很有价值，可以帮助你确定是否落下了某些内容或包含的内容过多。

为什么，是什么，有什么影响

确定要点之后，你应该将要点按照一定的顺序排列，然后利用故事、图片和数据为其添加一些色彩，支持你的观点，让演讲更生动。但在这之前，你应该想想听众为什么要坐下来听你的演讲，以及他们的动机是什么。

根据我的经验，许多商界或职场上的演讲者只关注提供信息，而没有过多考虑听众为什么会觉得这场演讲很重要，也没有考虑演讲会对听众产生怎样的影响。

为什么

这很可能是最重要的部分。你应该从原因开始组织演讲内容，弄清听众来听演讲的动机。听众在听一场演讲时会考虑“这些内容对我来说有什么好处”，而你应该思考的是“他们为什么会关注这些内容”。别忘了，演讲对所有人来说都是时间上的投资。这场演讲可能与演讲者的前途息息相关，因此他可能花费了不少时间来准备；而听众也抽出时间来聆听这场演讲，牺牲了不少工作时间。

正因如此，你才应该强调“为什么”。在面试时，你希望说服对方雇用你；而在推销时，你希望对方购买你公司的产品或服务。在这里，“为什么”有多重含义，因为你既要考虑自己为什么来演讲，也要考虑对方能从这场演讲中获得什么。例如，如果一家公司雇用你，那么这家公司能收获什么？在面试中，对方可能不会直截了当地问“我们为什么要聘用你”，他们可能会问你如何解决某个问题，或者问你对行业中的某一趋势或变化有何看法。你要根据评审人员或应聘公司关心的内容来思考“为什么”。

是什么

这是我们大多数人认为最容易的部分，也是我们最擅长的地方。你会规划好演讲话题的具体细节，以及包含事实和逻辑的内容——这些固然重要，但是如果你不能让听众明白为什么这些信息对他们很重要，你可能就很难吸引他们的注意力。我听过很多演讲，演讲者只是用无数的幻灯片给出事实或信息，并没有把这些内容与演讲的最终目的联系起来——既没有号召听众采取行动，也没有让听众获得预想的益处。我相信你也听过不少这样的演讲。介绍“是什么”的部分不需要太长。要记住，你只需要将 A 点和 B 点连接起来，因此，你的演讲只需要包含足够的内容，让听众逐个领悟要点，就能达到预期的效果。你手头如果有许多有用的背景信息，那么可以留到晚些时候再分享，或者以其他方式分享，比如在演讲结束后做一份更详细的报告或印发一份讲义。

有什么影响

在这里，你应该说明演讲的内容将如何影响听众，他们能用你提供的信息做些什么或如何付诸实践，以及你的信息将如何影响他们、帮助他们或产生影响。

我们可以通过下页的案例来明确这些问题。

在接受考评时，可能会有人要求你针对一个业务场景提出策略或建议。在列举出你的建议之后（列举时别忘了反向思考），你就可以思考这一建议为什么对评审团很重要，策略是什么，以及如何实施。

这种方法适用于大多数演讲主题，甚至适用于一些与工作无关的主题。如果出于某些原因，你很难把演讲话题分成这几个部分，那么你至少可以从“为什么”开始。你可以围绕“为什么”这一部分精心设计开场白，发挥演讲技巧，吸引听众的注意力。在第 10 章，我们会介绍更多这方面的信息。

概　述

一家全国性的公司计划在客户群中使用一种新的定价模式。这种方式将通过新的软件平台自动实现——先前，定价全部由手动完成。很多年来，客户拿到的定价都是临时提供的，有时完全由地区经理决定。这影响了利润和效率。有些客户感到不满，因为不同客户的合同价格之间存在差异。所有的员工都需要熟悉定价模式的变化，并且通过参加宣讲来了解更多细节。

练　习

准备一场演讲，探讨如何实施新的定价方案。

演讲可以这样准备：

为什么

公司团队需要了解新的结构和系统，以便更好地与客户沟通、处理问题（一些客户支付的费用会增加，而另一些客户支付的费用会减少）。有了这一新模式，你与潜在的客户谈生意会更加容易，不会因定价问题产生不必要的困扰。这个软件简化了定价过程，因此从长远来看，它减少了工作量。

是什么

你可以详细介绍新的定价模式——用图表会更容易解释，也可以通过比较新旧定价模式来突出新模式的优点。

有什么影响

你可以初步展示新的定价软件平台，让大家整体感受这款软件的效果。这样在宣讲过后，大家就可以亲自测试一下，在正式发布之前对新软件更加熟悉。

将内容分成上述三个部分之后，你就可以开始在原始材料的基础上添加故事和实例，让演讲更生动。一种方法是创建一个故事板。这个概念来自电影行业——故事板通过图形来逐帧展示某个场景。

我用便利贴来构建故事板上的演讲内容。我会在每张便利贴上写一个关键词，然后按照合理的顺序排列这些便利贴。接下来，我会查找先前收集的资源，寻找一些故事或实例，选出关联度较高的写在便利贴上。在填充好所有内容之后，你就可以随意调整顺序，组织演讲内容了。这比每次想做更改时都重写演讲稿要方便得多。便利贴可以贴在墙上、桌子上甚至纸上，在筹备演讲时很容易排列。制作故事板有利于眼观全局，梳理想法。

如果愿意的话，你也可以画出第 4 章所提到的思维导图或流程图，这和故事板一样都是准备演讲的好方法（见图 5–1）。你可以选择适合自己的方法，绘制自己的演讲蓝图。创建这种框架可以让你在良好的演讲结构中随机应变、自由发挥。我认为，无论是 10 分钟还是 90 分钟的演讲，其结构都是一样的。较长的演讲只不过包括更多的故事和例子而已。

提　示

- 从结果开始，反向思考，对内容进行逆向调整。
- 留出充足的时间来准备演讲。
- 选出最好的三个要点。
- 让演讲简单易懂。
- 使用“为什么”“是什么”“有什么影响”来组织演讲内容。

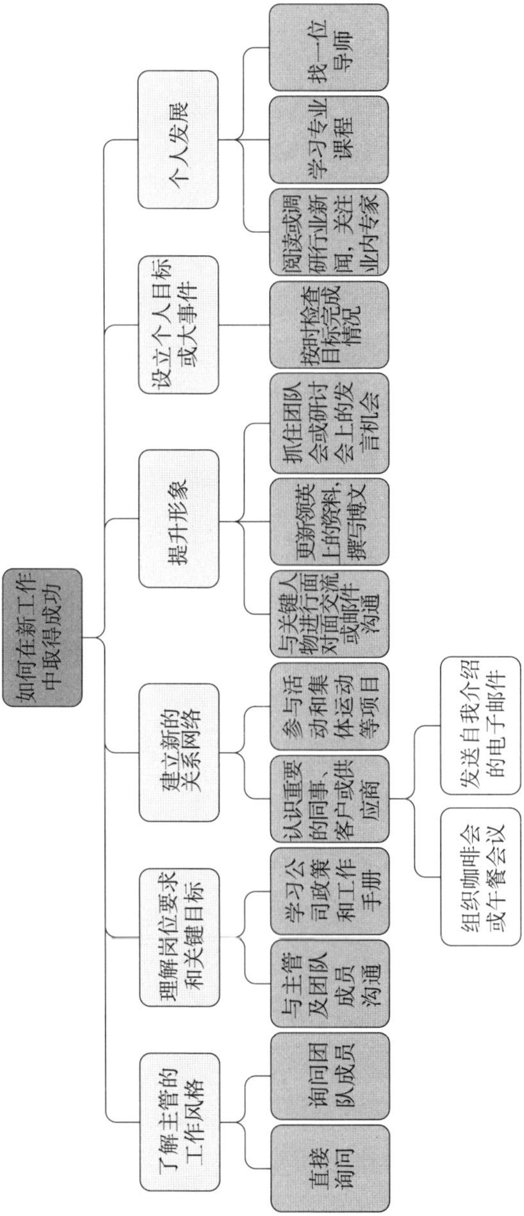

图 5-1　思维导图（图 4-1）的另外一种画法

第6章

时间管理

虽然这一章的标题是“时间管理”，但实际上我们没有办法真的管理时间——每人每天都只有 24 小时。重要的是，我们如何利用自己的时间——我们只能优先处理最重要的事情。对演讲来说，我们既要考虑个人的优先事项，也要考虑听众和活动组织者等其他人的优先事项。

为什么确定演讲的时长很重要

在职场演讲中，演讲的时长非常重要。无论会议上的发言还是正式演讲，都会有针对时长的要求。很少有人能确切地知道他们在给定的演讲时间内到底能分享多少内容。了解这一点需要经验的积累，当然，排练也必不可少。

演讲如果超时，往往会出现以下问题。

- 如果会议上有许多人发言，那么每个人的发言时长都是经过精心安排的。一个演讲者如果讲得太久，就有可能被主持人打断，不能讲完全部内容。这样一来，演讲要么被迫提早结束，要么匆匆收场。这都不是理想的结尾方式。演讲超时还有一个负面影响，那就是接下来的日程会受到影响，这意味着其他演讲者不得不缩短他们的演讲时间。不遵守时间限制的演讲是对组织者和其他演讲者的不尊重。你的演讲如果超时，还可能带来其他的影响：如果午餐前的演讲超时 20 分钟，可能会给餐厅工作人员带来混乱，而且可能引起听众的怨言。

- 在已经规划好议程的团队会议上，每个讨论事项以及每位演讲者都有一定的时间限制。如果一个人超时，其他人就必须进行调整，会议时间就会被延长，否则议程中的其他事项将无法完成。演讲超时会给人留下不好的印象，因为每个人都有自己的优先事项——可能是与重要客户的会谈，也可能是参加其他会议等。不仅如此，如果你讲得太久，听众会开始看手表，失去耐心，不再听你演讲。
- 接受考评或面试的候选人都有演讲时间限制。团队会议或许可以延长时间，但接受考评或面试的人一旦超时就必须停止演讲。也许你原本有机会获得考评人员或面试官的青睐，却因为超时白白浪费了机会。如果演讲时间过长，那你无疑是在挑战考评人员的耐心——这可能会给他们留下负面印象。还有一点要记住，那就是接受考评时的演讲都是有严格时间限制的，例如每一段演讲的时长是 15 分钟。遵守时间限制，表现了你对听众的尊重，也能增强演讲的说服力，还体现出你管理时间的能力。这是所有老板想从应聘者身上看到的品质。

很明显，超时演讲会将你置于很尴尬的境地。你可能会引起他人的不满，并且演讲不得不草草收场，这意味着演讲达不到原本预计的效果。希望说了这么多之后，你能听取我们的建议，不要做这样的演讲者。

人们的时间都是非常宝贵的，我们要尊重别人的时间。听众极有可能是牺牲了工作时间来听你演讲的，如果你讲得太久，那么他们可能会听不下去。

在第 4 章中，我们已经介绍了排练的诸多益处。在这里，我们讨论的是合理控制演讲时长——遵守时间限制。只有对大声排练演讲内容的过程计时，你才能知道实际演讲会持续多长时间。在排练时，你一定要计时。

有时，你可能不得不临时缩短自己的演讲时间，这可能是因为某一位同事或其他演讲者超时了，或者议程中临时加了其他内容。如果你的演讲是分成几部分来准备的，那么你会很清楚各部分的时长。如果有人要求你缩短演讲时间，你应确切地知道要缩短多久。如果准备得足够充分，那么这一切都可以在头脑中完成。例如，如果主持人要你缩短 5 分钟，而你的演讲内容包含了一个 5 分钟左右的故事，那么你可以把这个故事去掉。

如果你在网上看过 TED 演讲，那么你会发现每一个演讲的时间都不超过 18 分钟。在这么短的时间里，演讲者要将自己的想法充分展现给听众。TED 演讲的组织者认为，18 分钟的时长非常合适，因为这差不多是喝杯咖啡休息一下的时间，大多数人都会有时间看完一段这么短的演讲。所有的 TED 演讲人都要严格遵守时间限制，根据这个时间来准备演讲——无论是名人还是政客，都要遵守这条规则。

国际演讲会的时间限制也是一个很好的示范。每位成员的演讲时间都被限定为 5~7 分钟。俱乐部演讲室的后面有一套“信号灯”系统——可能是真的灯泡，也可能是示意牌：5 分钟时，绿灯亮起；

6 分钟时，黄灯亮起；7 分钟时，红灯亮起。演讲如果超时，就会被打断或被强行停止。这是练习时间管理的好方法。

国际演讲会每年举办一次全球性演讲比赛。2016 年，全世界有 3 万人在各自的俱乐部参加预选赛，最后有一位世界冠军脱颖而出。2016 年的冠军是戴文杰（Darren Tay）。决赛时，他走上台，停顿了很长一段时间——听众因此坐直，开始把注意力放在他身上。紧接着，他把一条内裤套在自己的西装外面，引得哄堂大笑——这种道具是听众始料不及的。他没有使用幻灯片，而是在演讲时一直内裤外穿。演讲话题是校园欺凌，戴文杰分享了自己的经历和应对方式。虽然这是个严肃的问题，但是他穿插了一些幽默的故事来制造对比的效果。演讲的每一个部分都严格控制在一定时间以内，精确到几秒钟的时间——从开头戏剧性的停顿到他讲述的每一个故事。最有意思的是，当他看向手表并对听众说“5 分钟的时间是不是太长了”的时候，时间刚好过去了 5 分钟。是的，他的准备就是如此到位。他必须这样准备，因为比赛明确规定，一旦超过 7 分 30 秒的时间限制，参赛选手就会被自动取消资格。这场比赛对于大多数演讲者而言至关重要，因为他们希望从事职业演讲工作。决赛选手们投入了大量的时间来准备和排练，因此他们绝不会用超时来冒险。

你可以在优兔网上看看戴文杰的演讲。看过后你就会发现，他的演讲时长都控制在 7 分 30 秒以内。

当然，并不是每个人都能花费如此多的精力来准备职场演讲，但你应该想想，这场演讲对你而言究竟有多重要。我建议，为了呈现出一场有说服力且遵守时间限制的精彩演讲，你应该尽最大努力进行准备。

选择合理的演讲时长

在本章中，我一直在强调遵守时间限制，以便符合听众和组织者的预期。在多数情况下，组织者会规定好演讲时长，但还有一些情况不会规定演讲时长，这时你该如何抉择呢？比如说，你可能要在团队会议上就最近参加的一项培训做一个简短的演讲，分享学到的知识；也有可能你要去见客户，介绍新流程或新产品。在这些情况下，你该如何决定演讲时长呢？

如果演讲内容不够吸引人，听众就很难长时间集中注意力。所以，时间长短不如内容合理重要。长一点的演讲需要更加丰富多彩，例如穿插故事、视频或与听众互动等。尽量避免一个人在台上长篇大论，否则听众很容易走神。

在后面的章节里，我们会讨论讲故事和互动等技巧，帮助你更好地吸引听众的注意力。在确定演讲时长之前，你首先要厘清内容结构。不要忘记，演讲的目的是把听众从 A 点带到 B 点，只要内容足够说服他们就可以了。了解这些对于你确定演讲时长很有帮助。

演讲时注意时间

显然，你如果准备得足够充分，就能确切地知道自己要讲多长时间。不过，你也有可能被要求在最后时刻调整演讲内容，或者受到计划之外的干扰，因此，你需要用钟表计时。最好在目光所及的范围放一个钟表——要确认钟表上的时间是正确的。

你可以戴手表——不过要注意，频繁看表可能会让听众觉得你想要快点结束演讲。不妨把手表取下来放在旁边的桌子上，这样效果会更好。你也可以用手机或平板电脑上的应用来计时，同样也是放在旁边的桌子上。你还可以请人坐到后排，在还剩五分钟和两分钟时向你举牌示意，不过，你要记得朝牌子的方向看。

准备时注意时间

你可能已经认识到，准备好一场演讲要花费相当长的时间。本书已经提出了一些提高演讲准备过程的效率的方法，例如构建演讲框架以及预先收集故事和资料。不过，即便如此，时间依旧很紧张。在繁忙的日程中，我们如何挤出时间来准备呢？通常，你需要利用下班后的时间来做演讲准备。每个人有自己的方式。对我来说，我会将准备时间切分成小块——如果我的演讲准备时间很长的话，那么我可能会一周练习两次，每次半小时。我擅长短时间集中注意力。你的情况可能与我不同，但重要的是安排时间来准备演讲，以免拖到最后，到时只能临阵磨枪。

将演讲时间分成几个部分很有用，这有助于让你的潜意识继续思考。你需要起草多个版本的演讲稿，获得更多的想法，从而让演讲的最终版本愈加完善。

考评时注意时间

你在接受考评时可能需要参加小组活动和演讲等环节。如果你事先能拿到演讲题目，你就可以提前准备好演讲内容，到现场后直接上台演讲，而无须进行更多的准备。

如果你到现场当天才拿到演讲题目，那么你在现场会有一些准备时间。不管准备时间长短如何，你都应该合理利用。你不妨将准备工作划分成几个部分，包括阅读摘要，突出重点信息，准备演讲大纲，列出为什么、做什么、怎么做，以及排练。就算总共只有 20 分钟的准备时间，你也要在最后留出 5 分钟来，从头到尾大声过一遍你的演讲，至少要演练一遍。

在所有这些场景中，最重要的归根结底都是同一件事：你对时间把控得越好，你就会对演讲掌握得越好，就能让演讲达到理想的效果，不会由于时间安排不当而匆匆收场。

提　示

- 把准备工作规划到具体每一天的日程中。
- 把准备工作划分成容易管理的几个部分。
- 多加练习，清楚你的演讲会讲多久。
- 清楚你演讲的每个部分有多长，这样你就能快速临场思考，万一临时接到通知要缩短演讲时间，你也能应对得当。
- 用可靠的设备来计时。
- 请人在时间快到的时候给你提示，这样你就能完美地收场。

第 7 章

演讲风格和技巧

每当说起职场演讲，我们的脑海里就会浮现出文字密密麻麻的幻灯片，上面全都是枯燥难懂的内容。然而，事实并非如此。通过应用讲故事或举例等技巧，这些演讲可以更加活泼有趣，更加吸引听众。

不同种类的演讲

针对不同的听众，你可以采用不同的演讲风格，比如对于主旨演讲，可采用鼓舞人心的正式风格；而在培训班上介绍新概念或新技术时，则可以采用与听众互动的讲座等形式。

主旨演讲一般不涉及过多细节，更注重吸引听众。其演讲时长往往为 45~90 分钟，重在激励听众、启迪灵感，注重讲述故事。在会议和颁奖晚宴这些人数众多的场合，主旨演讲较为常见。演讲人一般不用幻灯片——通常情况下，演讲人负责讲，听众负责听，很少有互动。主旨演讲的风格取决于具体场合——如果是晚宴后的演讲，一般更具有娱乐性；如果是白天的演讲，比如在全国销售代表会议上的演讲，就需要更有煽动性。也许现阶段你还达不到这个水平，但只要不断努力，掌握更好的演讲技巧，随着你在职场步步高升，有朝一日你也会成为发表主旨演讲的人。

公司内部演讲或推介演说则需涵盖更多的细节，其优点是信息量大，听众人数较少，有更多互动的机会。向团队或部门做报告、向客户做推介等都属于这种类型的演讲。这类演讲一般会使用幻灯片。根据不同的目的和主题，公司内部演讲的风格也会有所差异：有时偏向介绍事实和数据的演讲风格更合适；有时富有感情、具有创造力的方式更有用；还有的时候，你需要将两种风格相结合。演讲风格应该取决于听众的预期——这需要进行研究，为听众量身打造演讲内容。我们会在第 17 章对此进行更加详细的讨论。

培训班的教育性质比较强，信息量也很大，相关活动和讨论等互动更多。

以上是你在工作中可能会遇到的演讲类型，有正式的，也有非正式的。除了不同的形式之外，演讲还有各种各样的技巧，它们都可以应用到上面的任何一种演讲之中。

- 合理使用幻灯片和道具对演讲很有帮助。我们会在第 9 章更加详细地讨论这一点。
- 讲故事、做类比，列举与要点有关的实例和趣事，这会让演讲的效果更好，也能表达出你的感情。
- 幽默是吸引听众的好方法。你如果能让听众捧腹大笑，就能一直吸引他们的注意力。不过就如先前的章节所言，并不是每个人都适合使用这一技巧，一旦幽默方式不对，可能适得其反。
- 用日常生活情境来解释复杂的信息（如财务数据），可以让听众更容易理解。

此外，还要注意个人演讲风格。演讲没有绝对正确的方式，但本章讨论的一些内容能够帮助你更好地吸引听众，树立自己的风格。通过应用本书提到的技巧，从听众口中获取反馈并根据反馈不断调整自己，你就能达到这样的效果——就像我们在第 4 章所讨论的一样。

故事的力量

传说，美国小说家海明威（Ernest Hemingway）有一次和几个作家朋友打赌，说自己可以用六个单词写出一个故事。最后他从每位朋友手中赢来十美元。他把这个只有六个单词的故事写在一张餐巾纸上：

For sale: Baby shoes, never worn.

（转卖：童鞋、全新。）

很多人认为，海明威是否真的和朋友打过这样一场赌有待考证；还有人说，这行字其实是报纸上的一条分类广告。无论这个故事是否真的与海明威有关，这六个单词本身就已经是一个值得思考的有趣案例了。

当你读这个句子时，你认为发生了什么？故事的全貌是怎样的？转卖童鞋的原因可能有很多，比如说：

- 鞋子是送人的礼物，但别人不想要。
- 买了女孩的鞋子，但出生的宝宝是男孩。
- 鞋子的大小不合适。
- 孩子已经有很多双鞋了。

这些只是举例，可能还有很多解读这个故事的角度。这就是故事的动人之处——要给听众留下想象的空间。

纵观历史，人类一直在通过讲故事来学习。这是分享知识和信息最好的方式之一，能使人印象深刻。我曾经听过一次讲座：一位教授告诉我们，人们总是来找他并表示他们仍记得他在几个月前甚至几年前讲的某个故事。教授笑着说，这些人把他的故事记得非常清楚，简直不可思议——连他自己都不记得是在何时何地讲的这个故事了。

尝试回忆五场你曾听过的演讲。你还能记住演讲的要点吗？大多数人都会发现早已忘记了，因为时间一久记忆就会模糊。而且，很有可能这些演讲本身也没能清晰地突出要点。如果你能回想起一些内容，是不是因为演讲者用讲故事的方式阐述了这些内容呢？就像前面提到的那位教授的故事一样，人们往往会记住故事，而不是演讲内容。

如何用自己的方式讲故事

你可能会觉得自己想不到任何有趣的或者与工作有关的故事，但我认为并非如此。

一个很好的例子是肯·罗宾森爵士（Sir Ken Robinson）的演讲《教育扼杀创造力吗？》（*Do Schools Kill Creativity?*），这是收听人数最多的 TED 演讲之一。在后文中我还会提到这个演讲，因为这是在商业演讲中讲述故事的教科书式案例。

在演讲开头的五分钟，罗宾森爵士分享了两个小故事——一个是关于他儿子四岁时出演耶稣诞生剧的故事，另一个是他从别人那里听到的关于小女孩画画的故事。这两个故事本身都不是特别出彩，但这正是演讲者的高明之处——他用的是日常生活中的例子，突出了小孩子不怕犯错这一主题。罗宾森爵士利用一个个短小的故事，一步一步引出严肃的论点。在他的演讲中，故事只是引子。

你可以组织自己的故事，再用罗宾森爵士的方式讲述出来。想想工作或日常生活中的例子，有的可能包含着某些道理或教训——你需要随手记下一些方便讲故事的想法。

创作自己的故事时，你要经历下面几个阶段。首先，写出完整的故事，先不要急着修改。其次，先把所有的要点写下来。最后，过几天再回头来修改。

我喜欢把这个过程想象成在写一个笑话。喜剧演员会在几个星期或几个月的时间里写好一个笑话，慢慢修改打磨，找准抖包袱的时机，创造最好的喜剧效果。这就是你想要在讲故事时达到的目标——尽快获得回报。要确定自己的终点在哪里。这就像是我们在第 5 章所讨论的明确演讲的整体结构一样，要利用不多不少的内容将听众从 A 点带到 B 点。在理想的状况下，一个故事的时长应该为一到三分钟。如果你去看罗宾森爵士的 TED 演讲，那么你会发现上面提到的两个故事都非常简短，十分切题，就像用引人入胜的场景来直接开场的好电影一样。

将写好的故事修改几次之后，你就有了更好的版本，没有必要塞过多的内容进去——能让听众完全体会到你的意思就可以了。还有一个好处就是你对故事更加熟悉，记忆更深刻。

如何选择故事的类型呢？这取决于你希望听众有怎样的感受。

你希望他们在晚宴后的主旨演讲上开怀大笑吗？你可能想让他们对网络安全感到一丝恐惧，因而注意力更加集中，或者在年终总结会上为一年来取得的成就感到骄傲自豪。情绪化的反应能促使人们采取行动或更有动力——你可以利用讲故事来煽动情绪。就算是财务或法律这类较为枯燥的主题，讲故事也能使演讲生动起来。

你可以开始着手收集并储备自己的故事，这样以后就有可供使用的素材。一个故事可以多次使用。

如果你以前没有在演讲中讲过故事，那么不妨从下次演讲开始，讲一个小故事吧。

练　习

尝试写一个故事，我可以在这里为你提供一个题目：

你曾经战胜的最大挑战是什么？

这是面试中经常遇到的问题。如果你花点时间把自己的答案写成一个小故事，在你将来遇到这个问题时就有现成的材料可用了。在职业生涯的不同阶段，你可以用各种不同的经验来写这个故事：可以是与工作相关的，也可以是一项运动成就或生活中的挑战。

客户案例也是很好的资料来源——甚至不一定需要是你自己参与过的案例。推介演讲就是这样一个例子，销售团队一般会展示成功的客户案例，这能增加可信度，还能让潜在客户对销售团队更有信心。

你还可以讲述从别处听到的故事——就像罗宾森爵士的 TED 演讲一样。罗宾森讲述的一个故事来自他的亲身经历，另一个故事则是他最近听到的。书籍、电影、新闻、体育、历史——你可以从身边的众多事物中获得灵感。如果这个故事可以与你想要传递的信息联系在一起，并且能让听众联系到自身的生活，你就可以讲这个故事，不过不要假装这是发生在自己身上的故事。我经常在演讲中使用电影、电视节目或 TED 演讲中的例子，只要它们与听众和演讲主题有关，我就会讲。我读过不少关于领导力的书，其中不乏一些有趣的案例，有时我也会引用这些案例。当然，在适当的时候你要说明案例的来源。

类比的力量

有时候，太过复杂、难以解释的概念可以通过隐喻或类比的方式用听众已经熟悉的概念来进行更形象的阐述。类比是一种修辞手法，用一种事物来描述另一种事物——通过比较来帮助我们更好地理解事物。类比强调两种事物之间的相似性，隐喻则是将一种事物比作另一种事物或场景。

要知道，重点在于考虑如何使用这些手法来让听众理解你的观点。

在后面的章节中，我们会讨论如何设计幻灯片。幻灯片在职场演讲中相当常见，最常用的软件就是 PPT。多年来，我见过许多人错误地使用 PPT——经常是每一页都列满要点，密密麻麻全是字。实际上，你若知道正确的做法就有可能制作出精彩的幻灯片，从而提升演讲的效果。PPT 有很多人们不了解的功能。

我在演讲中谈到这个问题时会使用一个类比：“想象一下，这就像你有一辆法拉利，但是只以每小时 20 英里（约合 32.19 千米）的速度驾驶。大多数人都是这样用 PPT 的——完全没有开发出幻灯片的潜能。”使用这样的例子可以让听众更容易记住你的演讲内容。

其实，我们在日常交流中经常会用到修辞，只是我们没有意识到。例如，下面这些英文说法都用到了体育术语。

- Keep changing the goal posts（意为“改变球门柱”，表示规则进行了不公正的更改）。
- Dropped the ball（意为“球掉了”，表示犯了错误）。
- Jumping the gun（意为“在鸣枪前抢跑”，表示过早开始）。
- It’s a marathon not a sprint（意为“这是一场马拉松而不是短跑”，表示要关注长期收益而非短期收益）。
- Ballpark figure（意为“棒球场数字”，表示粗略的估计）。

这些类型的短语或例子可以帮助听众从另一个角度看待某个问题或情况，让陌生的事物变得熟悉。

用幽默来吸引听众

幽默会让你的演讲更有吸引力。幽默并不一定要讲笑话，尽管有的演讲者会讲笑话，但这样做有风险。你如果擅长讲笑话，可以讲一讲，但笑话和你的观点之间必须有联系。许多演讲者讲笑话只是为了在演讲开始时进行暖场，但这并不是吸引听众注意力的最有效方法。我们会在第 10 章更详细地讨论开场白。

运用幽默的一个好方法就是讲故事。其实，你并不一定需要喜剧演员的天赋或与生俱来的风趣，只要方法得当，照样能达到效果。

我们还是来看罗宾森爵士的 TED 演讲。他讲的两个故事都博得了听众的笑声，其对话式的演讲方式引人入胜。他讲故事的时候，会特意在笑点前停顿一下。很明显，他花了很多时间组织演讲内容，着重强调的内容都恰到好处。这是需要充分准备和丰富经验才能达到的效果。

你并不需要把整个演讲都变得很幽默，只需要在中间穿插几个轻松的故事或例子，以吸引听众的注意力并与严肃的话题形成对比。

你也可以用幻灯片来制造幽默效果。在 TED 演讲《肢体语言塑造人格》（*Your Body Language Shapes Who You Are*）中，艾米·卡迪（Amy Cuddy）选用了几个知名政客的搞笑图片和视频来制造幽默效果，同时阐明观点。她的演讲绝大部分都在介绍一组组严肃的数据，并在最后讲述了一个自己的故事，但其中穿插着幽默片段。这段演讲值得一看，讲的是肢体语言会影响我们如何看待自己，还会影响他人如何看待我们。这段演讲的播放量超过 4 000 万次。

你如果想了解更多关于在严肃话题中融入幽默的例子，可以在网上观看国际演讲会每年一度的演讲比赛。被观看次数最多的演讲者包括 2014 年冠军丹南嘉亚·赫蒂阿拉奇（Dananjaya Hettiarachchi）和 2011 年冠军达伦·拉克鲁瓦（Darren LaCroix）。他们的演讲都是以自己的经历为框架——克服困难，实现改变人生的目标。一般来说，这并不是商业演讲的内容。不过，我们可以借鉴演讲者的技巧，将日常的幽默故事和例子穿插在严肃话题中。

引用数据

还有一个技巧可以提升听众体验，那就是在演讲中引用事实和数据。在职场演讲中，数字和技术信息是很常见的，比如销售业绩、财务增长情况及产品的详细规格等。采用这类信息是为了支持关键信息或证明某个观点。然而，问题在于我们经常被科学遮蔽住双眼。我的意思是，许多演讲者认为大量使用图表或罗列统计数据可以增加可信度，但实际上也会让听众感到困惑。不过，有些演讲原本就必须包含可靠的数据，例如向公司董事会做报告或销售团队做简介等。在这种情况下，即使大部分内容是基于数字和统计数据，组织演讲内容仍然很重要。

重点在于保持简单明了，因为数字本身并不代表全部内容。

苹果公司前首席执行官史蒂夫·乔布斯是一位伟大的演讲者。很多人认为他是有史以来最优秀的企业发言人之一。每次苹果发布新产品时，乔布斯都会做一次出色的演讲，展示产品的功能和效果。

在每年的产品发布上，乔布斯的演讲都会涉及详细的技术数据。乔布斯展示这些，已经能够满足某些听众对数据的需求，但他并没有就此止步。他会将数据融入日常生活的例子当中。

当便携式多功能数字多媒体播放器 iPod 首发的时候，乔布斯说这个新设备可以容纳 1 000 首歌曲。在此之前流行的 MP3 播放器能容纳的歌曲数量很有限。因此，我们就能了解到，这个新产品能储存的歌曲比市面上其他任何同类产品都要多。接下来，他说拥有一个 iPod 就像把 1 000 首歌放在了口袋里，大小就像一副扑克牌一样。我经常用这个例子让人们理解在演讲中融入数据信息的力量；如果我用幻灯片的话，那么我会展示类似于图 7–1 这样的画面，使之更为形象。

图 7–1 “把 1 000 首歌放在口袋里……iPod 的大小就像一副扑克牌一样”

同样，2008 年 2 月，MacBook Air 发布时，苹果公司宣称这款产品是世界上最薄的笔记本电脑，可以装进办公信封里。那时，乔布斯站在舞台上，真的从一个棕色信封里拿出一台 MacBook Air，轰动了全世界。乔布斯用我们每天都能见到的事物与产品进行对比，展示了 MacBook Air 到底有多薄，让观众想象这台电脑在自己的包里会占据多少空间。

我们在网络上能找到苹果发布会的不少视频——不妨看看乔布斯是如何将数据融入演讲内容的。

想想看，如何让演讲内容更容易被听众记住。通过将复杂的信息与更直观的实物做比较，演讲会变得更有趣，听众脑海中也会留下更深刻的印象。

前段时间，我和一个客户一起工作，他是食品行业的一名高级经理。他当时正在准备一场演讲，主题是减少所有零售店的产品浪费，以此降低成本。牛奶是他们的产品之一。在很长一段时间内，有大量的牛奶由于各种各样的原因被倒掉了。他原本可以直接告诉听众，在过去的 12 个月里，有多少加仑牛奶遭到浪费，但他并没有这样做。他先是让听众猜猜多少加仑牛奶能注满一个奥运会比赛专用游泳池，然后他说，过去几个月浪费的牛奶就能注满这样一个游泳池。这种陈述数据的方法更加生动形象，比单纯说多少加仑要震撼得多，能给听众留下更加深刻的印象。

各种各样的结构和技巧都可以改善演讲效果。使用哪些技巧由你决定——取决于你想为听众创造怎样的体验，以及你的个人喜好。采取有用的技巧，抛弃没用的那些。至于哪些技巧对你有用，就需要你在实践中慢慢探索了。

提　示

- 观察周围的情况，寻找可以写成故事的想法。
- 多看 TED 和国际演讲会的演讲，学习讲故事和幽默的例子。
- 捕捉想法以备日后使用——当你看到有趣的事或读到有趣的文章并认为可能有用时，就把它们记录下来。
- 把你的故事写完整，然后在一段时间内慢慢修改。
- 用类比的方法，将复杂的概念与听众熟悉的事物进行比较。
- 陈述数据时用常见的事物做比较，让听众可以与自身生活联系到一起——尽量简单，不要让听众淹没在数据中。

第 8 章

小组演讲

小组演讲的基本技巧和个人演讲是一样的。你的演讲应该目标明确，结构合理，准备充分，吸引听众。不过，小组演讲也会带来不一样的挑战。小组演讲会面临更多的变数，需要照顾组员的自尊，还要和组员一起快速做出许多决定。不过，如果计划得当，那么小组演讲会获得巨大的成功。正如前文所讨论的，准备工作必不可少，小组演讲的准备工作就更重要了。

接受考评时的小组活动

在职场上，有很多情况需要进行小组演讲。正因如此，小组演讲经常在人员考评中出现。小组活动是一种常见的选拔方式，尤其是在招聘的职位涉及协作和团队合作的时候。

小组活动可能有不同的形式，但通常都是围绕特定行业内与工作相关的问题设计的。活动形式可能是演讲、讨论、角色扮演或解决问题练习等。

本章的重点是作为小组一员的你该如何进行演讲，但是本章提到的所有技巧和其他小组活动也息息相关。在这些活动中，你需要展现出有效沟通的技能。常见的小组活动包括如下三种。

- 解决问题，测试团队成员如何贡献自己的力量来进行协作。
- 讨论，主要涉及职场问题并就解决问题的步骤达成一致。
- 角色扮演，可能是模拟会议的形式，每个成员扮演一个特定的角色，在会议中达成一定的目标。

接受考评时小组演讲的基本原则

这一部分与接受考评时的小组演讲有关。本章接下来的部分介绍的是适用于大多数情形的小组演讲。

如果你在接受考评时以小组的形式接受测试，那么你很可能要和完全陌生的人组成一个小组。首先，你应自我介绍，如果其他组员比较害羞的话，你可以主动邀请他们分别介绍一下自己，打破冷场的局面。虽然你们可能是在竞争同一个职位，但大家依然要把彼此看成合作者，而不是竞争对手。

对于小组演讲而言，重要的是既要勇敢发声，表达观点，又不能无视队友，抢其他人风头。演讲人员在这两者中间要达到平衡。你如果能推动团队合作，就会赢得考评人员的青睐。如果组员之间产生了任何分歧，那么你在处理时要掌握分寸。例如，即使你不同意某个人的观点，也不要给出负面的回应或者对这个想法或建议不加理睬。这一原则当然也适用于职场。

小组任务测试的是包括如下各项在内的多方面技能。

- 主动倾听。
- 沟通——清晰表达想法的能力。

- 团队合作。
- 规划及项目管理。
- 领导潜力和说服他人的能力。
- 对抗压力的能力。
- 果断。
- 自信。

作为小组的一员演讲时，你要让以上所有因素都发挥作用。例如，仔细聆听队友交流的内容很重要，因为只有这样才能保证内容的一致性，并且避免重复。如果准备时间很短，组员难免会在讨论时偏离主题。通过仔细聆听，你可以随机应变，完善自己的内容。如果你认真听完所有组员的发言，那么就能更好地回答考评人员提出的问题。如果每位组员的发言都能很好地衔接在一起，那么他们就体现出了良好的合作能力。这样一来，即使某位组员在发言时突然卡住，小组演讲也更有可能在良好的团队合作中继续下去。

考评人员可能会问，你们是如何合作的，是谁给出了小组演讲的思路和想法，以此来确定谁比较具有领导能力和项目管理能力。小组会被看成一个整体，因此团队精神对于每个组员来说都非常重要。

小组演讲的要点

小组演讲的优点是组员共同承担责任，面对现场问题有更充足的专业知识，并且能展现出团队的力量。小组演讲的优势在于人数多，但挑战在于演讲内容和风格较难统一。

最终呈现出来的小组演讲应该顺畅连贯，而不是一个个单独的演讲生硬地连接在一起。每个人单独准备自己的部分时，往往会出现各自为政的情况。因此，所有的组员应该齐心协力，让演讲顺畅衔接，要避免风格和语气差别过大。组员需要将演讲小组想象成和谐演奏的交响乐团——每个乐手都十分出色，但只有齐心协力才能同步演奏出完美的乐章，给听众带来动听的音乐。要达到这种效果，最好的方法是将演讲从头到尾排练至少一遍，每个人都对其他人的演讲给出反馈，然后再进行调整。

有时，小组组长空缺，你可能想要毛遂自荐。实际上，每个小组都应该有一名组长，组长应该做到以下几点。

- 协调整个小组。
- 发挥每个人的才能。
- 安排合适的内容顺序。
- 保持前后一致，避免信息重复。
- 每段发言衔接有序。
- 共享时间——平衡整个演讲活动和自己的内容。

小组演讲场景

很多时候，几个素不相识的人会组成一个小组来完成项目，在项目结束后，小组会进行演讲，汇报项目成果。另一种可能的情况是，竞争同一份工作的几个应聘者会集中在一起做演讲。

接下来，我将介绍几个小组演讲的场景实例。

商业咨询

我经常和申请 MBA 的学生共事——他们中的大部分人都已经在自己的行业工作过几年了。在这个过程中，他们积累了商业咨询的经验，处理过真实的客户案例。这些案例都涉及项目任务和小组演讲，面对的可能是要求较高的优质客户。在提供商业咨询时，他们将自己的专业知识和行业经验应用到实际商业场景中。

他们遇到的挑战是解决真实的业务问题，利用项目管理技能及时向客户提供符合预算的解决方案，进而推荐客户采取某些行动。咨询项目非常多，从企业进入国外市场的可行性研究到新技术对医疗卫生的影响调研。

商业咨询中的小组演讲不仅对客户的发展前景很重要，对于这些申请 MBA 的学生而言也是导师评判他们的材料——在双重压力之下，他们自然明白准备演讲有多重要。这在一定程度上和接受考评有些类似——要确保考评人员能看到每个组员都在努力，为客户呈现清晰的解决方案。我总是鼓励小组成员在同一个房间里一起准备演讲，确保最后的项目成果衔接有序。由于社会对 MBA 的需求旺盛，这样的练习几乎没有时间开展，但它对于确保演讲的流畅性和专业水准而言至关重要。

投标演讲

我在律师事务所工作时，经常处理争取新客户合同的投标。投标是一个艰苦卓绝的过程，涉及事务所的许多人员，包括专门的投标小组、与客户合作的主要合伙人及若干支持人员。

有一次，在成功递交标书之后，我们的团队入围了最终的候选名单，需要做投标演讲。这次投标非常重要。我们花了很多时间收集数据，将详细的长篇标书整理成有说服力的演讲。所有人都在加班加点地工作。在已经如此繁忙的情况下，将所有人聚集到一起准备演讲几乎是不可能的事情，但事实证明这是完全有必要的。

在竞标过程中，虽然价格是客户考虑的重要因素，但赢得合同的往往并不是报价最低的公司。入围公司可以抓住现场演讲的机会强调自己的优势，给客户留下深刻印象，打消客户的任何顾虑。通过这个机会，入围公司可以向客户展示将来的合作究竟是怎样的。

演讲阶段关乎成败，能决定赢得合同还是失去客户——演讲对于企业整体形象也有深远的影响。

演讲的重点是团队合作。有时候，小组成员需要付出长时间的努力，才能让每个人都跟上节奏，最终用演讲说服未来的客户。

确认演讲日期之后，我们立刻确定了小组演讲的成员和内容，并将具体内容分配给合适的人。我们还就如何应对演讲后的提问环节达成了一致。对客户来说，投标演讲是一个机会，他们不仅可以要求竞标者解释投标文件中不太清楚的内容，而且会询问竞标者是如何应对特定挑战的，观察其抗压能力。

在演讲当天，我们小组是最后一个上场的。进场时，我们遇到别的小组离场，他们每个人脸上都挂着微笑。你可以想象我们有多紧张：这份合同至关重要，然而我们的对手却似乎已经稳操胜券了！不仅如此，我们上台后，看到评审团非常疲倦——他们已经听了一整天演讲。这些因素难免会影响自信。

幸运的是，我们的小组做了很多准备工作，既有活跃气氛的计划，也规划了提问环节的应对方法。我们扭转了不利的局面。

虽然我们并不是出价最低的，但成功的演讲使我们赢得了这份合同。我们之所以能成功，正是因为我们能齐心协力，每个人都认识到一起排练及互相反馈有多重要。这份努力和对细节的关注最终得到了回报。

网站设计演讲

我还为另一家公司提供过服务，这家公司为客户设计漂亮的网站用户界面。每当接到新订单时，它的员工都会花很多时间去了解客户，以便更好地理解客户想要实现的目标、客户的文化和客户内心的预期。大多数客户都不了解网站设计的具体细节。他们只是想要一个用户使用方便且外观精美的界面。

我们的团队与潜在客户开会时，通常会带上业务发展人员、市场营销人员和网页设计团队中真正掌握技术的人员。每个人都要跟上团队的节奏，这样才能用吸引客户的方式展示团队的服务——每位成员轮流讲述他们在项目中的职责范围，并且回答特定的问题。就像前文提到的例子一样，团队会花费大量的时间来排练推介演讲。

你也许不一定会遇到这些情况，但你可能会参与内部项目，比如开展新的培训、解释政策或程序的变化、安装新设备或软件、参加营销或社交媒体活动等。要记住，小组演讲需要更多的努力和时间来规划。

规划小组演讲

对于任何小组演讲，组员们都应该选出一个起领导作用的项目管理人，由其负责以下工作。

- 明确目标。
- 找出组员各自的优势，并据此分配任务。
- 管理时间。
- 决定演讲内容和顺序。
- 指定计时人员。
- 决定如何应对提问环节。
- 决定如何进行开场介绍。

对于考评性质的小组活动而言，首要任务当然是选出组长——这是很有必要的，否则组员就会各自为政，以致有可能无法实现关键的任务目标。组长不仅要负责以上各个方面，还必须能够处理常见的组内问题，比如有人性格强势，或者组员之间就演讲主题或内容结构产生争论等情况。演讲是一个团队任务，因此对每个人都很重要，每个人都需要尽力而为；但在所有人表达过自己的观点之后，需要有人来拿定主意。你会主动当组长吗？不要误以为一定要成为领导者才能让考评人员注意到你，无论你怎么做，他们都在观察你。你可以通过合作、倾听和提出好的建议来展现自己的领导能力。

还有一个选出组长的方法，就是让每个人都说说自己为什么要当组长——像美国的电视节目《飞黄腾达》（*The Apprentice*）一样。接下来就可以让大家投票了。如果你因为不够自信而不想当组长，那么你可以委婉地表示另一位组员更有资格，因为这个人可能有更多的项目管理经验或相关知识，并且你会全心全意地支持他。如果最后当选组长的是你，那么你应该考虑制定一些基本规则：要向组员解释如何处理意见分歧——由你来做决定还是小组投票决定？要提醒组员，你们是在与时间赛跑，只有合作才能共赢。

上面讨论的很多内容也适用于职场演讲。正如上文所言，你应该把小组演讲看成一场各部分紧密相连、衔接有序的演讲，而不是每位成员各自准备、未经整体排练就上台的临时发言。

要制订一个整体计划，然后再将其分成几个部分，根据每位组员的经验和技能分配任务。将内容按逻辑分成几部分——有时这意味着有些部分会比其他部分长一些。显然，这对于考评性质的演讲来说比较难办，因为每人上台演讲的时间应该差不多一样长。不过，要想在每一个方面都达成一致也许是不可能的——小组成员需要学会妥协，然后集中精力准备演讲。

除了汇总整体的演讲稿以外，你还要制作一个提示性的幻灯片主页，使用统一的字体、颜色、标题和语言。这样一来，即便每个人都设计了自己的幻灯片，起码外观和给人的感觉是统一连贯的。

介绍每位演讲者

如果规划不当，从一个演讲者换到另一个演讲者时，场面可能会很尴尬。有很多方法可以避免这种局面。每个演讲者可以简单地总结一下自己的演讲，然后将讲台交给下一位演讲者，不妨这样说：

> 我已经介绍了这个项目的目的，以及我们希望达到的目标，接下来艾米会介绍在项目的第一阶段需要做些什么。

然后，后面的演讲者就可以接着话题继续讲下去。另外，在演讲一开始就做一个简短的介绍也是一种绝佳的衔接方式——可以由一个人来介绍每位成员，也可以让每个成员进行自我介绍。

介绍方式没有对错之分，关键是要果断地决定如何介绍小组成员，然后进行排练。这类介绍务必简单明了。

演讲者之间无缝衔接

要考虑每个人的位置因素——你们是站着还是坐着？轮到你上台时，如何最大程度地降低走动对他人的干扰？记得要把走上台的时间考虑进去——换下一位演讲者之前，是否会有一段尴尬的空白时间？这样的空白时间应该越短越好。

组员们要决定由谁来控制幻灯片——是每位演讲者在演讲结束时将遥控笔递给下一个人，还是始终由一个人来播放所有幻灯片？

认真聆听其他组员的演讲。虽然正在演讲的不是你，但别人还是会看到你。将注意力放在演讲者身上，让别人认为你很投入，很感兴趣。最让同伴难受的，莫过于看到其他组员在完成自己部分的演讲之后就开始低头看手机。此外，认真聆听还有一个好处，那就是一旦其他人在演讲时遇到问题，比如说幻灯片不能播放或突然忘词，你可以伸出援手。

排　练

在上面给出的例子中，我们已经讨论了排练对于一个团队而言有多重要，排练次数越多越好。这有助于设定备用计划，能让你熟悉演讲的每一部分。这样一来，万一有人中途退出或临时忘词，你就有能力救场。这就像在剧团里有替补演员一样。小组的目标是在真正上台演讲时，从第一个人直到最后一个人都有同样高昂的士气。当然，你也应该私下好好练习自己的部分，不要拖整个小组的后腿。

提问环节

小组演讲结束后，演讲人很有可能要回答听众的提问。你不妨事先想想有哪些可能出现的问题，列出清单，然后分配给每位成员各自准备。你要提前想好如何应对提问——最好由一个人将问题分配给其他组员，以免到时所有人一起回答同一个问题，或者没有人回答问题，因为大家都觉得别人会回答（后一种情况更糟）。组员们应不断练习，使回答简短而切题。

提升小组演讲水平

为了在真正参加小组演讲时有更出色的表现，你可以在平时进行训练。你不妨和朋友或同事一起就某一个现实的话题进行模拟演练。

不过，这样的机会不一定常有，因此你还需要用过去的经验来提升自己的水平。

你可以想想你在读大学时经历过的小组演讲，梳理那些还能记得起的演讲，整理出一个梗概。你可以用这一经历作为案例，对照本章给出的建议并进行分析——如果再做一次演讲，那么你认为哪些地方可以做得更好？在第 4 章，我们讨论过反馈的重要性，以及每次演讲过后都应该询问听众的感受。这些技巧也适用于这里——只是研究的案例更久远而已！

提　示

- 在做考评性质的演讲前，与组员配合，打破沉默——重要的是合作，而不是竞争。
- 开展小组讨论，分析内容并根据组员的优势来分配内容。
- 制作提示性的幻灯片主页，使每个部分风格一致。
- 规划好各部分间更换演讲者的流程，包括团队介绍的流程。
- 就如何应对提问环节达成一致。
- 一起排练，互相反馈。

第9章

运用技术和视觉道具

视觉道具尤其是幻灯片的使用在职场演讲和商业演讲中十分常见。从没有什么技术含量的纸质讲义，到幻灯片中插入的视频，都属于视觉道具。需要强调的是，演讲最重要的是内容和表达，使用幻灯片和道具等媒介物只是为了提升听众的体验。因此，演讲者首先应该规划好演讲的架构和内容，其次才是在中间加入媒介物。

如何选择道具

对于大部分人而言，一提到职场演讲，立刻就会想起幻灯片。然而，在考虑使用幻灯片这类视觉道具之前，你应该好好思考到底什么是视觉道具。

视觉道具能支持你的演讲，并且给听众带来以下体验。

- 有可以看的内容，这对于喜欢用视觉方式接收信息的人来说非常重要。
- 能够更好地理解数据等复杂的信息。
- 多样性，道具穿插在演讲中间，让听众更感兴趣。

恰当使用视觉道具能让你传递的信息更有影响力，更容易被人记住。边听边看时，我们一般会记得更牢。

一幅图蕴含着千言万语。

你可能听过这种说法。这意味着我们的大脑处理图像的速度比处理文字的速度快得多。不仅如此，如果你使用图片来支持关键信息或故事，听众就能利用自己的想象来理解它们。图像发挥了引导的作用。

幻灯片可以是你的视觉道具，但并不是必需的，而只是你的辅助工具。听众不是来看你的幻灯片的，而是来听你的演讲的。许多演讲者犯的一个重大错误就是将演讲等同于幻灯片，于是他们一开始准备演讲就直奔幻灯片，而没有在提升听众体验、演讲内容与表达风格上花太多时间和精力。他们还认为，幻灯片能帮助自己记住演讲内容，提示他们接下来应该说什么，就像提词器一样。但这都不是使用幻灯片的目的。

当然，演讲还可以使用其他形式的视觉内容。你可以使用道具，比如讲义或活动挂图。要决定使用哪种道具，你首先应该考虑听众的人数。在面试中，你可能需要向两三位面试官展示事先准备好的幻灯片，这种场景也许很自然，但在其他场景中，如果听众数量也只有这么少，使用幻灯片可能就有些小题大做。不过，如果幻灯片真的能优化你的演讲内容，那么你在任何情况下都可以使用，比如可能只是为了满足你在演讲时坐下的需求。

对于小型演讲来说，使用活动挂图和讲义可能更加合适，因为它们更方便互动（但在非常商务的环境中，这些道具可能会被认为不专业）。对于任何事情，你最好都要运用常识去判断，因为常识往往是最有用的。

要记住——你才是演讲的主角，而不是幻灯片或其他辅助道具。

设计幻灯片，创造最大的影响力

人们通常认为使用幻灯片会使演讲看起来更专业，但事实未必如此——错误地使用幻灯片可能让你的演讲变得很糟糕。

让听众边听边看，同时做两件事情，其实难度很大。每切换到一张新的幻灯片，听众的注意力就会被吸引过去。无论在幻灯片上放了什么内容，你都要考虑到听众需要一定的时间才能消化这些信息。因此，你的目标应该是让幻灯片尽可能简单，最好让听众能在几秒钟的时间里看懂其意思。

除了要给自己的演讲制作幻灯片，你可能还要经常为高层领导做这件事，因为他们往往都很忙，没有时间亲自做。你的任务是理解他们看问题的角度，传递他们想要表达的信息。如果预算允许，重要演讲（如会议发言或招商投资演讲）的幻灯片也可以请外包设计师来制作。无论在什么情况下，如果你承担了制作幻灯片的工作，本章的技巧都能提供一些帮助。

在打开幻灯片之前，你首先需要了解一下你的故事或演讲大纲，以此来确定需要多少张幻灯片支持各个观点，以及应该在每张幻灯片中放入什么内容。首先搭建幻灯片的框架。你想要强调的重点是什么？视觉道具是否有助于强化你的观点？在这个阶段，你只需要大致确定幻灯片的数量和内容，然后想想你要使用什么图片或表格。

而且，并不是演讲的每一部分都需要幻灯片。

你不妨带着设计思维来制作幻灯片，而且要像对待一块空白画布一样对待它们，只添加美观、必要的内容，这些内容能帮助听众理解你的观点，提升听众的体验。

我们在本章将重点讨论幻灯片，因为这仍然是商界最常用的演示软件。如果你在创意机构或创业组织工作，那么你可能会使用Mac（苹果）系统上的Keynote或Prezi。无论你喜欢使用什么演示工具，都可以参考这里的技巧和建议。

如果你只记住本章里的一句话，就应该是：

不要在幻灯片上堆满文字！

很多演讲者想把他们了解的所有相关知识都放在幻灯片上，以此来显示自己知识渊博，因为他们认为最有价值的是大量信息。但实际上，如果你这样做，很可能会让听众丧失兴趣，让他们经受来自幻灯片的极度折磨。幻灯片不是文件资料，但演讲者经常把它当成文件资料使用。如果你想要和听众分享更详细的信息，那么分发讲义是更好的选择。这一点会在后文中讨论。眼下你应该记住的是，对于幻灯片而言，越简单效果越好。每张幻灯片上的每一块内容都必须有其目的，其他任何东西都应该去掉。

我经常建议创业公司做好在潜在投资者面前演讲的准备。投资者通常想在演示会议之前看看你们的幻灯片。在通常情况下，如果你准备得很好，那么幻灯片上的文字就会很少，如果没有演讲者把它们放在上下文中介绍，别人就会看不太明白。然而，为了让投资者能够在演讲之外看懂幻灯片，你需要在幻灯片上添加一些文字；而在演讲现场展示的幻灯片则需要去掉这些文字。因此你需要制作两个版本的幻灯片：一个是用来阅读的，一个是用来配合演讲的。在这里，我们所关注的是演讲技巧，我们所讨论的幻灯片不是用来阅读的，而应该是一个更直观、更简约的展示工具。

不仅要舍得删减幻灯片上的内容，你还需要注意幻灯片投映到大屏幕或电视上的效果。你要设身处地地思考“后排的人能看清楚吗”。在你的笔记本电脑看上去大小合适的文字，不一定在大屏幕上也合适。每张幻灯片只能放一个要点。如果某个要点内容较多，那么你可以把它分成几张幻灯片，切忌把过多信息挤在同一页上。

经常有人问我，多少张幻灯片是最合适的。这个问题很难回答，需要视情况而定。我认为，大多数情况下用常识判断就可以——如果你用 100 张幻灯片做 20 分钟的演讲，那么数量可能太多了。重要的其实不是数量，而是你使用的方法。如果每张幻灯片上的内容都很简洁，你可以快速讲解完，也不耽误你和听众交流，那么幻灯片的数量多一点也无妨。我曾听过一些效果极佳、有说服力的演讲，演讲者只用了一张幻灯片奠定基调，随后围绕着基调进行演讲。

不妨看看南希·杜瓦特（Nancy Duarte）的 TED 演讲，她讲的是如何在幻灯片上用较少的文字和恰当的图片来奠定演讲基调。杜瓦特是一位演讲专家，出版过《演说：用幻灯片说服全世界》（*slide:ology: The Art and Science of Creating Great Presentations*）。你还可以在内容分享网站 SlideShare 上查看更多制作幻灯片的例子。

如果你要在幻灯片上放文字，文字应该尽量简短，方便听众快速浏览，同时还能跟上你演讲的节奏。还可以用图片或图形来表达你的意思，帮助听众更快地理解要点。

下面有一些具体的技巧，可以帮助你最大限度地利用幻灯片。

如何在演讲时让屏幕显示空白

不要让一张幻灯片在大屏幕上停留的时间过久。一张幻灯片上的内容讲完之后，要么切换到下一张，要么让屏幕显示空白。如果屏幕上所显示的并不是你当时讲的内容，就会分散听众的注意力。按遥控笔的 W 键可以让屏幕变成白色，再按一下就会恢复。你如果希望屏幕变成黑色，可以按 B 键，同样也是再按一下即可恢复。这是一个很有效的方法，能让听众将注意力集中在你身上。你只要记得在放映下一张幻灯片之前，将空白页面切换回来就可以。为了能在紧张的演讲中熟练操作，你一定要提前演练，这样就能在不需要用屏幕的时候让屏幕显示空白。

颜色与反差

很少会有人考虑颜色与反差方面的问题，但这一点其实非常影响听众体验。你的幻灯片可能在自己的笔记本电脑屏幕上看起来很好，但在演讲现场投到大屏幕上不一定有相同的效果。即便是在你们的团队每周开会的会议室，你也不一定能确保现场的亮度等因素和以前完全相同——窗户透进的自然光会让屏幕没那么清晰。你最好提前到现场试一下幻灯片，看看光线是否会影响放映效果。

但是，万一你要在参加面试或接受考评时做演讲，不能提前到现场测试幻灯片，你该怎么办呢？正确的处理方法是，在制作幻灯片时，文字和背景的颜色反差不能过大。在正常办公室的灯光环境下，浅色背景（如白色）配深色文字没有问题。但是，如果室内很亮，那你就应该使用深色背景，配浅色文字。即使你不能进入演讲现场，也可以在类似的地方放映幻灯片测试一下。你已经花费了很多时间和精力制作幻灯片，因此要确保听众看到的效果和你心中预想的一致。

幻灯片切换和动画

幻灯片切换指的是从一张幻灯片换到另一张幻灯片时使用的特效。幻灯片菜单栏的“切换”选项卡中有很多功能，例如飞入、爆裂等效果。这些效果看上去很有趣，但也会分散听众的注意力。对于特定的听众群体使用这些切换效果，会让你显得很不专业。我个人倾向于不使用任何特效——从一张幻灯片简单地切换到下一张就很好。你如果要使用的话，最好从头到尾设置同一种简单的效果。

同样，幻灯片的各个部分也可以设置动画效果。例如，在阐述一系列信息的时候，你也许会希望文字一行一行列出来，以便让听众慢慢跟上节奏。你在给幻灯片添加新内容的时候，也可以在菜单栏中选择一系列不同类型的动画效果。我建议，整个幻灯片中只使用一两种动画效果，否则会看上去杂乱无序。

你应从自身的企业文化出发并考虑听众的感受，再对幻灯片的切换和动画效果做出选择。如果是在面试中进行提前准备好的演讲，你就要通过这些方面最好地展示你的独特技能，给面试官留下深刻的印象；如果是面对同事和上级演讲，你就要考虑他们的喜好来进行选择。

字体和字号

对于幻灯片中标题和文本的字体样式，你也要认真考虑一番。同样，这是个人选择，但你可能需要考虑公司风格或品牌理念。你的公司可能比较保守（或者开放），你需要挑选一些能反映公司文化和形象的风格。无论如何，你都要让内容在屏幕上引人注目，并且易于阅读。公认专业、清晰、简洁的字体有 Arial、Calibri、Helvetica、Century Gothic 和 Verdana。

对于简单高效的幻灯片，你最多可以选择两种字体，这样才能确保整个幻灯片风格流畅一致。

幻灯片上的字号要足够大，以便在大屏幕上易于阅读。在你的笔记本电脑上看起来很清晰的文字，在投射到大屏幕时不一定能看清。我建议，最小的字号不小于 28 磅。

选用高质量的图片

制作吸引眼球的幻灯片并非难事。如果情况允许，那么你最好用照片或图形替代文字。如果幻灯片上的文字较少，你就可以自由地讨论，不受文字的限制。

你该如何决定使用哪种图片呢？你可以回顾幻灯片大纲，找到与关键信息有紧密联系的图片。照片很有用，特别是在你分享故事的时候。你可以用一张概念图支撑整个故事——可以用它来引出话题，在讲故事的过程中一直把这张图留在屏幕上。使用的图片一定要是高质量的，而且不能模糊或扭曲。插入幻灯片时，要采用“全出血”尺寸——照片占据整张幻灯片，不要留下任何的标题或标志。

如果你要添加关键词或简单的句子，不要将其放在标题里，而应该在图片上方插入一个文本框，这样更美观。你可以在幻灯片顶部主菜单的“插入”中找到插入文本框的选项。点击文本框内部，光标就会出现——这时可以直接输入文字，不要点击其他地方，以免文本框消失。输入内容之后，你可以编辑字体样式和大小，还可以拖动文本框，使文本框显示在照片上的任何位置。

使用图形、流程图和图表来展示数据

在前面的部分，我们讨论了利用具体情景来解释数字，比如把大数字比喻成平时常见的事物，帮助读者直观地理解数字的含义。同样的概念也适用于幻灯片的设计。

用图形取代文字更容易让听众理解和记忆。使用饼状图、条形图或流程图等有助于解释复杂的概念，它们可以将统计数据或百分比等数据放在上下文的具体情景中。避免在坐标轴上使用很小的文字——要考虑后排的人是否能看清楚。

下面的例子介绍了如何将文字要点转换成简单的流程图（见图 9–1）。这里讲的是送货司机的选择顺序。我们大多数人都在网上订购过商品，体验过类似的流程。

你可以通过菜单栏中的“形状”创建类似的图形。canva.com 是一个很好的在线平面设计网站，有免费版和付费版两种。只要想象力丰富，你就能制作出简单而有效的图形，让你的展示材料栩栩如生。流程图可以使用与主题相关的标准形状，你也可以使用任何你喜欢的形状来为自己的演讲制作流程图，只要它有助于你的内容变得更直观、更容易理解。

- 顾客开门?
  是=递交包裹并获得电子签名
  否=可能将包裹交给邻居或放至其他安全的地方
- 交给邻居?
  是=递交包裹并获得电子签名
  否=可能将包裹放至其他安全的地方
- 放至其他安全的地方?
  是=位置信息写在白色单据上，塞进门缝
  否=安排下次再送，具体信息写在红色单据上，塞进门缝

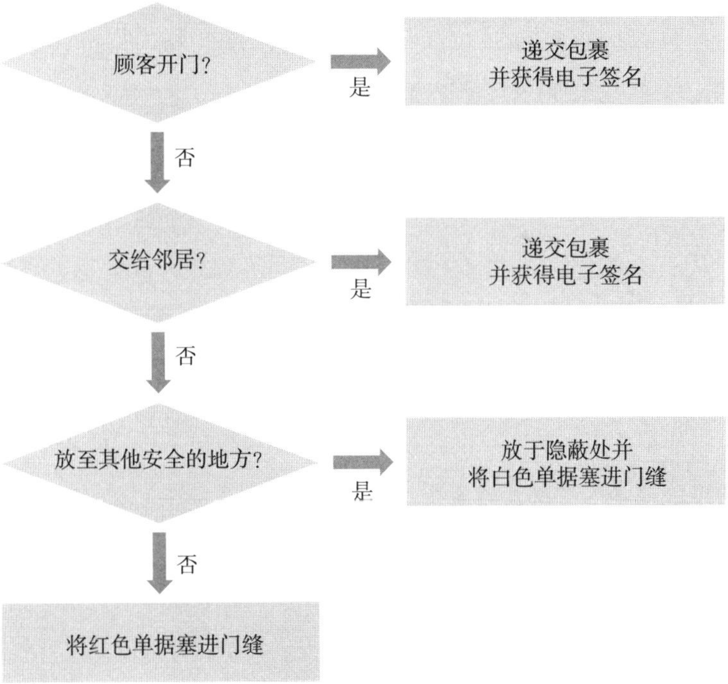

图 9–1　送货流程

组合图片和形状

“组合”是一个非常有用的功能，但很多人都不了解。这个功能可以确保幻灯片的所有移动部件不改变位置，始终处于应该在的地方。例如，如果你创建了一个图形，其中有许多形状按顺序或分层次排列在一起，那么在另一台电脑上播放幻灯片的时候，这些图形的位置很可能会移动。假如你把幻灯片保存在存储设备中，带到演讲现场播放，那么很有可能这些地方的幻灯片版本与你使用的版本不同。这也许会导致文本框和图形等元素错位，影响展示效果。你可以点击“编辑”“全选”，再选择“排列”中的“组合”。不同的幻灯片版本上这些功能的位置可能不同，有的在“格式”或“绘图工具”菜单下，你需要仔细找一找。

如果你想要更加深入地了解幻灯片更复杂的制作技术，那么不妨查看软件创建者提供的支持说明，但是本章中的技巧应该足够帮助你制作精美、专业的演示文稿了。

图片和版权来源

如果你不了解图片供应渠道，那么查找图片会是一件非常困难的事。很多人在网上搜索图片，然后复制粘贴到自己的幻灯片中。这样做的问题在于，如果图片的版权属于其他人，你就不能在没有得到许可的情况下使用——图片的使用受到版权法律的约束。我不建议直接从网上下载图片；你应该在提供免费图片的网站上寻找图片，这些网站上的图片允许他人自由合法地使用。有的网站提供免费图片，还有的网站收取一次性费用或提供包年服务。在本章的最后，我将列出一些提供免费图片的网站。

最好的选择是自己拍照（如果照片上有人物，也要多加注意），这样你就不需要他人的使用许可了。

练　习

试着创建一些幻灯片作为演讲的视觉辅助道具，在其中插入文本框，与上面的例子一样。尝试多种字体和颜色，看哪一种效果最好。章末列出了一些图片资源，你可以下载使用。你还可以在 canva.com 平台上创建免费账户，浏览图像库，并且制作自己的流程图，然后免费下载使用。一般你都能找到类似产品的使用说明。

视　频

在幻灯片中插入视频也是一种添加可视化内容的方法，能够更好地吸引听众。同样道理，你若使用他人的视频，要注意取得版权许可。

和图片一样，你可以创作自己的视频——采访客户或专家的片段就可以作为你的视频素材。在推介演讲上展示客户的使用感言很常见，这样做有利于增加可信度。

还有一个应用视频的方法是在幻灯片中创建动态图表。你若想要更加深入地了解制作方法，可以查看软件使用手册。

挂图和白板

如果你只是在小组中演讲，使用幻灯片可能有些太过正式。你可以使用挂图和白板，这样不但技术要求不高，不需要事先做太多准备，而且能提高互动性。

做演讲时，你可以在上面写下要点；如果你的绘画技术很好，那么可以一边讲一边画出图案或流程图。你还可以将图案事先用铅笔画好，到演讲时再用水笔描一遍。

对于研讨会类型的会议，最主要的形式是讨论，在头脑风暴时将想法写在活动挂图上是个好方法。

道 具

3D 道具同样也是视觉辅助工具。如果你展示的是实物产品，产品本身自然就成了道具。道具并非只有实物这一种形式。

视觉辅助工具能让听众对你的观点的印象更深刻。就像选择图片一样，要认真思考，选择与你所传递信息有关的道具。

在前文中，我提到过戴文杰（2016 年国际演讲会全球演讲比赛冠军）——他的演讲道具是套在西装外面的白色内裤。他选择的道具是基于故事的主题和自己的经历——他小时候在学校受到欺凌而被迫穿成这个样子，但这段受辱经历给他上了宝贵的一课。显然，以这种方式使用道具需要极大的自信，但这十分有效，并且令人印象深刻——听众在很长一段时间内都不会忘记他的演讲和内裤外穿的比喻。你如果还没有看过这段演讲，那么可以在网上找到视频，看看他是如何有效使用道具的。

很多时候，你可以用一本相关的图书作为道具。我也见过医学专家使用人体骨骼或模型作为道具，以及环境方面的演讲者用装满净水和脏水的金鱼缸来演示污染的情况。作为道具，地球仪可以用来演示不同国家的文化差异，也可以用来强调不同时区的社交媒体在高峰时期的活跃程度。

比尔·盖茨在 2009 年的一场名为《蚊子、疟疾与教育》（*Mosquitoes, Malaria and Education*）的 TED 演讲中，突然打开一个装满蚊子的罐子，令听众十分惊讶。他想要证明的是，疟疾能影响我们每一个人。这段演讲也很好地证明了如何用清晰易懂的幻灯片来展示复杂数据，值得一看。

你的道具可以是任何东西，只要它能吸引听众或帮助听众理解你的演讲。下面是我的一些个人经验，或许会给你带来启发。

- 几年前，我曾与一位客户合作，他当时正在准备为投资者做演说，他经营的是一家招聘行业的初创公司。演讲的主题是他的公司将彻底改变招聘行业。他用的道具是一个小小的黑色笔记本，象征的是旧事物与新事物的差别——只靠过去纸质的电话簿已经无法建立社交网络，现在应该利用社交媒体的力量。因此，他将电话簿扔到了一边。
- 还有一个类似的例子，那就是黄页和电话簿虽然依旧存在，但变得更薄了，因为现在我们要找的信息一般都能在智能手机中查到。时代已经变了。
- 多年来，我办过许多青少年演讲研讨会。有时候，我用手机作为开场的道具来吸引他们的注意力。我会从身后的口袋里掏出手机，告诉他们，我像他们这么大的时候，身边的人都没有手机。别说手机，连互联网都没有！这总能引起阵阵笑声，让气氛活跃不少。

- 我年轻时曾做过律师，那时我经常代表客户出席与道路交通事故有关的听证会。许多法官会要求目击者用玩具车演示事故现场发生了什么。这种方法十分奏效，而且非常简单，能把事发过程清晰地展现出来——否则在描述左右位置等情况时，很难说清楚，也容易产生误会。

分发讲义，传递信息

我已经不止一次强调过，不要在幻灯片上堆放过多的文字。这意味着，你能放在幻灯片上的内容很有限。有时，为听众分发纸质讲义更有助于他们理解详细或复杂的材料。例如，在讨论与目标或趋势相关的数据或解释项目计划的一部分时，讲义就能派上用场。尤其是对于有表格和图表的幻灯片，听众往往来不及看或看不明白。

分发讲义的时机也很重要。如果你把讲义提前放在椅子上或桌子上，听众会早早地开始浏览，他们的注意力就会从你身上转移开。更好的方法是，在演讲过程中讲到某个点需要听众了解讲义上的信息时，你将讲义再发下去。在面试的时候，这一点也很有用。在希望听众低头看讲义的时候，你应该把幻灯片切换成空白页（就像上文讨论的那样），需要继续演示的时候再切换回来。

另一种情况，需要让听众将资料带走的时候，你也可以分发讲义。研讨会上经常有人会分发每张 A4 纸上打印三张幻灯片的讲义，目的是方便听众一边听演讲一边做笔记。但我认为这样做效果并不好。三张幻灯片打印在一张纸上会让字变得很小，听众很难看清楚，况且如果你做的幻灯片很好，上面应该没有多少内容。只有聆听你的讲解，幻灯片才会有意义！不如把演讲的摘要用 Word 文档打印，这样听众在演讲结束后查看才更有价值。或者，你也可以在演讲后给听众发送 PDF 文件，这样做不但能节约用纸，而且在当下的年代，电子文档对用户而言更加方便。

免费图片资源

Freedigitalphotos.net

Gettyimages.co.uk

Canva.com

Stocksnap.io

Flickr.com

最后要强调一点，只有在有助于听众理解的情况下，你才可以使用上面介绍的工具。有时候，仅仅用语言的力量、强大的信息和引人入胜的表达风格就足够吸引听众了，不一定非要使用视觉辅助工具。

提 示

- 先写好或规划好演讲，再考虑制作幻灯片。为每张幻灯片创建大纲，这能帮助你决定要插入哪种类型的图片或文字。
- 一定要专门留出时间制作幻灯片。同样，就像你起草演讲稿之后会不断进行修改一样，幻灯片也要不断完善，这样才能吸引听众，也有助于你传递重要信息。

- 做好幻灯片之后，你应该检查一遍，确保每张幻灯片文字的字体、颜色和大小统一。
- 任何类型的视觉辅助工具都是为了吸引听众，帮助他们更好地理解和记住你的演讲内容。
- 关于使用道具，要发挥创意，天马行空地进行想象也是可以的。不妨在 ted.com 等网站上多看一些演讲视频，学习别的演讲者是如何使用道具的，这会给你带来不少启发。

第 10 章

开场白与结束语

在花了很多时间研究内容并一点点地建立起你的演讲框架后，你就可以传递你想要分享的重要信息了。为此，你需要准备精彩的开场白和结束语，这就像用书立把一本本书夹在中间，整齐排好一样。开头和结尾无疑是演讲或演示中最为重要的部分，因此值得多花些时间和精力，以便牢牢抓住听众的注意力。

开场震撼，吸引听众

无论是 10 分钟的推介演讲还是 90 分钟的主题演讲，你都只有 60 秒左右的时间来吸引听众的注意力。这短短的 60 秒对于演讲者能否赢得听众至关重要。你的听众不太可能将 100% 的注意力放在你身上，因为他们的脑海里有成千上万的其他想法。你说的话只有比这些想法更值得关注才能吸引他们，否则他们的注意力就会转移开。

因此，在这宝贵的一分钟里，不要浪费时间进行寒暄，不要只是向大家问好，也不要详细介绍你的公司和角色。

如果你不能早早抓住听众的注意力，后面要想吸引他们就会更难，你很有可能要对着满屋鸦雀无声的听众演讲。很多原因会导致这种情况，我自己就亲身经历过不少，比如说下面这些问题。

- **说话声音太小**——听众需要听清楚你说的话，因此你要想想自己的声音是否足够洪亮。如果听众需要花很大力气才能听清你讲话，那么他们很容易走神。我天生说话声音不大，因此，一旦得知听众需要很仔细听才能听清我讲话，或者坐在后排的人完全听不到，讲话声音响亮就成了我的第一原则。我们会在后文详细讨论这一点。
- **内容吸引力不足**——你的开场白一定要有冲击力，能激发听众的兴趣。虽然打造这样的演讲开场白很花时间，但绝对值得。要赢得听众的青睐是一件很难的事，他们不认识你的话，就更不会怎么支持你，这样一来情况就更加棘手。他们不会耐心等你把最好的想法呈现出来。
- **技术故障**——和我合作过的不少演讲者都遇到过演讲开始前幻灯片故障或麦克风失灵的情况，这会在听众当中造成一阵混乱。在轮到你演讲之前，要好好检查，确保设备运转良好。

很多不确定因素会影响开场部分的效果。花些时间精心计划开场白的内容，然后多加排练，这样你就能记得很清楚。

这样做还有一个重要的好处，那就是好的开场白能帮你放松不安的情绪，更加自信从容地演讲。

关于开场白的几点建议

不要用寒暄或公司细节来开场

你可能见过很多演讲者用“感谢邀请我”“谢谢你们来听我的演

讲”或类似的话来开场。这没什么不对，也很有礼貌，但是不够有冲击力。要记住，听众只想听与自己有关的内容，因此不要用这些话作为演讲的开头。如果你确实想表示感谢的话，那么这些话可以留到结尾再讲。

同样，不要一开始就介绍你的团队成员以及你自己的角色，这也和听众关系不大。也许项目或任务团队的相关背景确实和你的能力有关，但这些都可以稍晚一些再介绍。可以说，我听过的几百次商业演讲一开场就介绍这些内容，这令听众感到无趣。因此，你需要与众不同，一开始就抓住听众的内心。

大多数时候，听众已经知道你是谁，以及你的角色是什么——比如说面试或团队会议之类的场合就是如此。如果你要向不熟悉的听众（如潜在客户）做演讲，那么在开始演讲之前，你可以把自己的名字和角色放到大屏幕的幻灯片上，让听众自己去看。一般而言，会有人介绍你的身份，因此你再介绍自己就显得多余了。

巧妙利用停顿

在开始演讲之前，先停顿几秒，这能让听众安静下来，把目光聚焦在你的身上，因为这非常出乎意料——听众一般都认为演讲者上台就会开口讲话，所以十秒钟的停顿会令人倍感意外。这让听众越发期待，好奇接下来会发生什么。你可以观察戴文杰在 2016 年国际演讲会全球演讲比赛上是如何做的。

讲故事

我们知道成功的演讲中包含故事这一精彩要素。故事对我们人类具有难以抵抗的吸引力——古往今来，知识往往都是以故事的形式流传的。还有什么能比以讲故事开场更好呢？

这个故事可以是有关你自己的，比如你应对的一个挑战；或者某段对你产生深远影响的经历，只要这段经历与演讲主题有关就可以。你可以借此分享你对演讲主题感兴趣的原因。

你也可以讲述别人的故事，就像肯·罗宾森在 TED 演讲中讲小女孩画画的故事一样。

关键的一点在于，你需要开门见山地讲故事，而不是用“我要讲一个故事”来开头。你可以仔细看看肯·罗宾森是如何直接开始讲故事的。

震撼的事实或数据

你可以用敲响警钟的方式来提出问题。如果你能找到事实或数据支持你的信息，你就以此作为开场白。只引用事实或数据会很枯燥，也无法给听众带来多少启示，因此你不妨把它们放到一个具体情景里。在前面的章节里，我曾讲过我的一位客户在演讲中提到自己的行业浪费了多少牛奶。他先是计算了一个奥运会标准游泳池的容积，然后让听众猜猜多少加仑牛奶能注满这样一个游泳池。这样做的效果立竿见影，听众的参与度立刻提高了。接下来，他告诉听众全世界有多少牛奶被浪费掉了。这样一来，听众清晰透彻地理解了他的观点，并且印象深刻。

另一种方法是让听众猜一猜问题的答案，然后把答案留到后面再解答，这样他们就会有兴趣继续听下去！

你还可以讲述历史典故和故事。我经常就性别多样性的话题进行演讲，有时会提到英国女性获得选举权已经接近100年了，然后逐步展开演讲，讨论这100年来我们取得的进步。

幽　默

如果你富有幽默细胞，那么幽默就会给演讲带来无与伦比的效果。如果你能让听众一开始就哈哈大笑，那么他们就会立刻对你的演讲充满兴趣。讲笑话可以，但是你必须把它讲好，这个笑话必须与演讲主题相关，而且内容得体。如果你没有切题的笑话，或者笑话没有经过实践验证确实好笑，一定不要随意使用这样的内容开场；万一不好笑，场面会非常尴尬。

最好的幽默往往是出乎意料的那种。比如说，你若拿自己的口音或古怪的习惯开玩笑，效果一般就不错。

肖恩·阿克（Shawn Achor）的TED演讲《改善工作的快乐之道》（*The Happy Secret to Better Work*）就是一个很好的例子。阿克以幽默的方式讲述了自己的童年故事，然后流畅地过渡到他的演讲主题"积极心理学"。他在讲这个故事时使用了反讽的手法，听众爆发出阵阵笑声。

引用名言

很多演讲者都喜欢用名人名言作为开场白。这样做的难点在于不能使用过于老套、滥俗或者不准确的名言。引用名言的优点在于很多人听过这些名言，能让听众有熟悉感，但一句名言如果被太多人引用过，就会显得廉价。你可以添加一些自己的解读，这会将你和普通演讲者区分开来。

例如，甘地的一句名言已经被很多人引用过："欲变世界，先变其身。"你可以对此做进一步的阐释："我们很多人以前都听过这句话……但对于我来说，这句话告诉我以身作则是非常重要的……"

许多话是否真的出于名人之口往往是有争议的。很多名言在很长一段时间里不断被人引用，但实际上那些名人并没讲过——可能是引用错误，也可能是名人根本就没有说过这样的话而被杜撰出来的！

我最喜欢的一句话是："我们最深的恐惧，并非是我们无能为力，我们最深的恐惧，是我们不可估量的能力，是我们内心的光明——而非黑暗——使我们惊恐不已。"

这原本是玛丽安娜·威廉森（Marianne Williamson）书中的一句话。这句话在 2005 年的电影《铁血教练》（*Coach Carter*）中也出现过。这部电影由真实故事改编而成，讲述的是一位篮球教练的故事。我经常在关于领导力的演讲中引用这句话。

然而，经常有人说纳尔逊·曼德拉（Nelson Mandela）在 1994 年的就职演讲中说过这句话，但实际上你如果看过曼德拉的这场演讲，就会发现这句话并没有在他的演讲中出现过。

如果你引用了一句很有名的话，那么要查证是否准确，并且用富有创意的方式解读。不妨花时间研究一些著名人士不太为人所知的话，用到自己的演讲中，以区别于他人。

你还可以引用有名的电视节目或电影角色说的话，为演讲增添一些趣味。就像我引用《铁血教练》中的句子一样。例如，你可以引用这句话："要么做，要么不做，没有试试看这一说。"（尤达，《星球大战 2：帝国反击战》）

你可以从现在开始搜集类似的名言，日后可能会派上用场。

为了取得最好的效果，你可以把名言放在幻灯片上，让听众看清楚，再继续你的演讲。确保幻灯片美观大方，但不要过度修饰，以免分散听众的注意力。

抛出问题

提问能立刻调动听众的积极性，因为听众马上会思考答案，就像上面提到的奥运会游泳池的例子一样。使用这种技巧有两种方法：你可以让听众举手表态来回答问题，或者只是问出反问句，并不需要答案。如果你的听众很积极，第一种方法效果会很好。听众通过举手来表现出他们的参与和信任。但是，如果你的听众沉默寡言，那么他们往往不愿意举手。实际上，他们可能正在抱着胳膊心里默念："来啊，快让我看看你有什么本事。"

因此，反问句更加安全。一个发人深省的问题能让听众静静地思考，问题的答案会浮现在他们的脑海中，即使答案只是简单的"是"或"不是"。你还可以问一些激发好奇心的问题。

把问题的重点放在"你"上：

- "你上次……是什么时候？"
- "如果……你会怎么做？"
- "如果……你会有什么感受？"
- "你认为……的最大原因是什么？"

艾米·卡迪在TED演讲的开头告诉听众，她将教给大家一个为时两分钟的日常生活小窍门，对每个人都大有益处。但在这之前，她要求听众审视一下自己的姿态：“有多少人会把自己缩成一团，比如说弓着背、交叉着腿或者抱着脚踝落座？”

接下来她要讨论这些姿势有什么含义，但在这之前，她说“过几分钟我们再回到这个问题”，这成功激起了听众的好奇心。这样一来，听众在心理上和身体上都有了互动。

“想象一下”或“如果……”

用“想象一下”或“如果……”来开场。

这个技巧和讲故事很相似。你将听众带上一段旅途，但这一次的旅途场景与你分享的信息有关。你邀请他们想象一个更好或更坏的未来场景，然后围绕这个场景展开你的演讲。如果你将听众放在这样的未来基调中，他们就能和最终结果产生更紧密的关联。

在开始较长的演讲前介绍话题

有时候，如果你的演讲篇幅较长，那么你可以先介绍摘要，这有助于鼓励听众继续听下去。如果你打算在演讲中传授新内容或介绍新概念，这个技巧就极为有用。这就像预告一样，相当于你做出郑重承诺，会给听众带来价值。摘要应该很短，控制在一两句话之内。例如，“大多数人都觉得社交活动令人不安，尤其是在这个时代，利用网络与人交往更为容易。今天，我们会讨论如何利用社交媒体帮你减轻社交的痛苦，让社交变得更有意义。”“今天我们一起分享我的经验、研究或我们部门的发现的新方法……”。

演讲者不要说“我”，要说“我们来一起看看”或“听完这个演讲，你会……”，紧接着立刻开始你的演讲。

练　习

试着创作摘要，作为演讲主题的概述。注意以下几个要点。

- 总结问题或现状。
- 告诉听众他们将学到什么或听到什么见解。
- 结论或结果是什么——“你会看到……”或“你将会……”

听众对你会讲什么并不感兴趣，他们只关心你讲完后他们会得到什么。

牢记你的开场白——演讲的开始一定要有冲击力。

有力的结尾

在结尾部分，你需要清楚地表明演讲即将结束，而且你履行承诺给听众带来了价值。如果听众不知道你已经讲完了，台下一片寂静，场面就会极为尴尬。你应该极力避免太过平淡的结尾：如果不提前准备结束语，你在演讲的末尾就可能会不自然地放低声音来结束演讲。同样，一旦超时，你也不得不突兀地舍弃最后一部分的内容。至少你应该说声谢谢——这是结束的标志。如果你是在参加面试，一般也只能以这种方式结束演讲。

人们往往会记住最后听到的内容，因此结束语和开场白同样重要。假如出于某些原因，你需要临时缩减演讲时长，那么你一定要想办法自然过渡到提前排练好的结束语部分。

要让结束语与听众密切相连——记住你要让听众明白你的演讲对他们“有什么影响”，因此你的结束语应该高度概括整个演讲，并且告诉听众他们得到了哪些价值——听众能从演讲中收获什么，演讲对他们有什么帮助，他们接下来应该做什么。

我们在前文中讨论过很多有关开场白的技巧，这些技巧也可以用在结束语上。

- 讲一个简短的故事。
- 说一句有力的名言。
- 提一个问题。
- 讲一个有趣的事实。

其他的结束方式

总结概括内容

如果你的演讲很长，那么你可以在结尾总结一番，比如“我们来总结一下……”。不过，如果你的演讲全程都有清晰的关键点，那就无须再进行全篇总结，只要列出关键点即可。

回顾开场白

你可以回顾开头抛出的疑问句，给出答案，或者讲完你讲了一半的故事。开头故事讲到一半，给听众留下悬念，这是一个非常高级的演讲技巧，需要多加练习才能达到好的效果。

“推特式”简短有力的语句

“推特式”的句子比较短，也很容易让人记住，比如“求知若饥，虚心若愚”（史蒂夫·乔布斯，2015 年斯坦福大学毕业典礼演讲）。乔布斯讲了三个故事来激励斯坦福大学的毕业生，并且在最后用这样一句简短有力、令人难忘的话来结束演讲。

我之所以将这称为“推特式”语句，是因为一条推特内容一般都比较简短，长度在 140 个字以内，并且需要博人眼球。你的结束语应该像一条好的推特一样，用不超过 140 个字来抓住听众的注意力。

呼吁行动

你会就演讲中分享的信息呼吁听众采取某些行动吗？如果你要这么做的话，就要和听众阐述清楚下一步应该做什么，在听完演讲之后要采取什么行动，比如为你投资、购买你的产品或采取新的工作方式。

何时进行提问环节

不要以提问环节结束演讲。

你很有可能要经历提问环节，这一环节最好放在演讲中间，演讲结尾仍然应该是有力的结束语。如果把提问环节放在最后，那么你在回答问题时可能会偏离主题，并最终失去整个演讲所营造出的冲击力。不仅如此，你还会失去最后呼吁听众采取行动的机会，或者无法给出最终结论，而这正是听众应该在最后听到的信息。

在提问环节的开头，你可以说“演讲结束前，我希望留给大家一些时间来提问”。回答完最后一个问题，你可以说“总而言之……”或“最后……”来重新回到演讲主题。在提问环节开始之前，你最好表示总共可以回答的问题的数量，以此来控制时间和局面。有时，一个问题可能会引发现场听众热烈的讨论，虽然这是再好不过的事情，可以提升听众的参与度，但是也可能会占用过多的时间。你需要做好准备礼貌地打断讨论，让听众的注意力重新回到你的身上，以便接着回答后面的问题，或者进行结束陈词。每个人的方法不同，可以提前进行准备。我用过下面这些话。

- “这个观点很有价值，但我们需要暂时打住，稍晚些时候还可以在网络上继续讨论……”
- “这显然是一个与许多人有关的话题，如果时间允许，那么我们可以用整个下午的时间来探讨这个话题。但如果可以的话，我们还需要为更多的问题留出时间……”
- “因为我们的会议马上就要结束了，所以我希望做一下总结。我们可以晚点再继续讨论吗？”

提　示

- 记住你的开场白和结束语，并且进行排练。
- 收集各种名言，以便未来演讲时使用。
- 在网络上观看 TED 演讲是如何开场的。
- 尝试不同风格的开场白和结束语，找出最适合你的那一种——不妨为下次演讲准备两个版本的开场白和结束语，请同事和朋友来判断哪一种更有冲击力。

第 11 章

性格与信息

与你共事是什么感觉？如果你向面试官演讲或者向潜在客户进行推介，那么你的听众就会思考这个问题。他们希望寻找与你性格有关的蛛丝马迹——你能否融入团队，是否容易相处？你在会议或演讲中与他人交流时，其实拥有一个很好的机会来展示自己的性格。不仅如此，你在演讲中展现的自我往往是最生动的——低头念稿子，人人都会，而你却可以通过独有的方式让演讲更加引人入胜。

这不仅与你如何传递信息有关。不管你是在面试中推销自己，还是代表你的团队或组织发言，也不管你的话题或目的是什么，听众往往会在你开口说话之前就对你的性格做出预判。听众看到的始终是你。我们在他人心中留下印象只需要短短几秒钟的时间，因此引导他们形成积极的印象非常重要。

性格是指什么

性格就是你真实的自我。性格指的是你在舒适的环境中会如何表现，以及在放松的时候是什么姿态。

在一生中，你如何定义自我、做出选择是为数不多的可以自由掌控的事。无论你的演讲对情景、内容和时间有什么限制，有一件事始终可以牢牢掌握在自己手中，那就是你表现出来的性格是怎样的。

展现真实自我，与听众建立纽带

最好的演讲者是那些能在情感上与听众建立纽带的人。他们展示了真实的自我。

真实是当下的流行词，甚至可以说已经被用滥了，但它实际上依旧是一个良好的特质。我认为真实可以形容为“天然去雕饰”——这意味着以人性的一面示人，即使展现出些许弱点也无妨。人们更喜欢见到这样的演讲者，而不是藏在面具背后像机器人一样夸夸其谈的演讲者。

然而，有时候展现真实的性格说来容易，做起来却很难。

在前面的章节中，我们曾讨论过树立自身品牌形象和培养竞争优势。展露个性就是这一过程中的重要一环。人们愿意和自己认识、喜欢、信任的人做生意。你演讲时需要告诉听众你的言行都是真实的。

听众接纳的是你，而不是你要推销或解释的那些东西。只有真实的你才能与听众共鸣，让他们想要得到你的服务、产品或技术等。在面试中，你的个性会将你和其他候选人区分开来，让你更有魅力。

与同事或客户建立纽带是一个循序渐进的过程。随着你们合作和见面越来越多，会更加信任、尊敬彼此。然而，在演讲的时候，你只有一次机会，只能快速与听众交流。

演讲时展露真实自我意味着在听众面前你的表现应当自然放松。如果你表现得不自信或者说的话和你的行为不一致，听众就会对你失去兴趣。

融洽交流是让人倾听的前提。这是一种与他人建立信任和理解的能力。如果你能让听众放松下来，他们就更有可能接纳你的想法和你想要分享的信息。让听众看到你是怎样的人，你就能体现更多的个性化特点。

你留给听众的个人印象会极大地影响他们的体验。展现真实的自我，对演讲话题或信息表现出极大的热情，都是你和听众建立纽带所必需的。

这一点在应聘时显得更为重要。在这种情况下，你无可避免地需要在评审小组或决策人员面前“推销”自己，而这些人你从未见过。你只有一个小小的机会去影响他们的想法，让他们认为你是最好的候选人。不仅如此，你还要和其他有才华的人竞争，他们的技术、经验和学历背景很有可能不在你之下。那么，有什么能让你脱颖而出呢?

几年前，我在一家国际律师事务所的伦敦办事处担任高级律师，帮忙组织了毕业生招聘日。每年，像我们这样的律师事务所都会收到几百份优秀毕业生的求职信。大部分学生都有一流的教育背景。你可以想象一下——我们只有 12 个职位空缺，要从所有递交求职信和简历的毕业生中筛选出 50 名候选人参加毕业生招聘日的活动，这无疑非常困难。无论是过去还是现在，毕业生想要成功应聘这类企业很不容易，在其他行业的企业也是一样。为了在第一轮入选，应聘者就必须全力展现自己的优势，给人留下深刻印象——重要的不仅是教育背景，还有社区活动、领导角色和有趣的空档年经历等。

在最初的阶段，将候选人范围缩小到 50 人的唯一方法是比较他们的性格、爱好，当然还有相关工作经验。举办毕业生招聘日活动的目的在于，让候选人有机会问一些问题并且感受一下在这里工作是什么感觉。许多律师会在当天就自己的工作领域发表简短的演讲，并回答候选人提出的问题。我就是其中之一。

显而易见，这也是律师事务所筛选候选人的过程。每位候选人都会在当天的某个时间接受面试并共进午餐。午餐是这一天中最重要的环节之一，但并不是每个人都清楚这一点。我们吃的是自助餐，同时这也是一个进行社交的机会。这时，我们会仔细观察每位候选人。这是他们展示自己人际交往能力的机会，也是他们展现自己的性格的机会。他们不知道的是，在另一个房间里，所有候选人的照片都贴在墙壁的留言板上，还有一个箱子，里面装的是我们为他们写的评价。在招聘日那天，我们会多次进入这个房间里，写下我们对这些候选人的评价和看法。这些评价和看法都是在和他们聊天时形成的。在最终决定哪些人适合我们的律师事务所时，这些评价和面试官的反馈都会纳入考虑。由此可见，性格是一个至关重要的因素。

在很长一段时间里，我和一些专业人士一起研究如何提升他们的演讲技巧。我发现很多时候，这些人士在演讲时表现出来的性格往往与他们在日常交流时的性格并不一样。在演讲时，他们会变得严肃而冷漠。通常这是下意识的，在很多人面前发言的焦虑会导致这种情况发生。

我在举办演讲研讨会时，会至少给每位组员两次在其他组员面前练习演讲的机会。一次是针对技术方面的职场话题，另一次是有关自己的故事，这个故事可以傻里傻气一些。不同演讲风格所带来的差异令人惊叹。他们在讲述轻松愉快的故事时，面部肌肉和语调会变得放松自然。这是一个最快的方法，我借此可以让他们明白，放轻松、做自己能带来多大的不同。

我的任务是鼓励演讲者在职场演讲中采用更为开放、吸引听众的风格。我们似乎已经习惯于在演讲中平铺直叙、一本正经地介绍技术数据，因为我们认为职场上的听众需要的正是这些内容，而且觉得要想让自己表现得专业，就要在演讲时以严肃的一面示人。

你的性格和风格是什么

你所经历的一切决定了今天的你，包括你的学业、职业和个人生活方面的经验。如果你在简历上列出了自己曾参加过哪些学业以外的活动，简历就能大致反映出你的性格。但是，只有你本人站在听众面前演讲的时候，听众才能了解真正的你。

我们花了很多时间在工作上，但我们的人生远不只有职业生涯。工作之余你对什么感兴趣？有什么爱好？喜欢什么电影或书籍？你的喜好和观点塑造了你的个性，如果你在交流中融入这些趣事，那会更加吸引听众。

练　习

问五个非常了解你的人，看他们在以下三个方面如何形容你。

- 性格——询问他们如何描述你的性格。有哪些特点是他们提到比较多的？当你得到这种类型的反馈信息时，你可以更好地理解他人是如何看待你的。这是非常有价值的信息，能够帮助你确定要在演讲时展示性格的哪些方面。
- 优势——你有哪些强项？例如，你若很会讲故事或者有很强的幽默感，就可以自然而然地把这些特点应用到演讲当中。如果你具有出色的组织技巧，那么你可以在演讲中分享一个案例。

- 劣势——我们对自身的强项和弱项往往都有自己的认识，但是客观的看法更加有价值，因为我们自己的判断和听众的想法往往不一样。举例而言，你可能并不知道自己在面对压力的时候讲话声音会变得很小，或者语速变得很快。了解这些方面可以增强你对自己的认识，并且帮助你做出调整。

你得到这样的反馈之后，要认真思考一下他人的看法是否准确，如果不准确的话，你是否还需要调整演讲方法。我在职业生涯的早期曾不断地听到别人说在不熟悉的时候我很难接近。这绝非我的本意——我以为自己一直很热情友好。后来我意识到，我是因为天生羞怯而很少讲话，所以经常被人误会。

将你的性格融入要传递的信息中

就像上面讨论过的一样，你在设计演讲时需要为听众考虑。你的主要焦点应该放在听众身上，这样才能说服他们在听完演讲之后采取行动，或者理解一些非常具体的信息。

在通常情况下，你的演讲框架应该围绕一个问题或解决方案构建，并在最后得出符合逻辑的结论，或者呼吁听众采取某种行动。你可以使用故事或类比来添加一些背景，更好地吸引听众，同时帮助他们记忆。你讲述的内容一定要与你个人有所联系。

在主旨演讲中，我们可以更多地看到演讲者的性格，因为这类演讲较少涉及技术信息，更侧重于鼓舞人心或启发听众——演讲的很大篇幅由个人故事构成。演讲者的故事往往会把他们的弱点暴露出来，因为这些故事大多涉及演讲者面临的难题，比如犯过的错误或面临的挑战。而正是这样不完美的一面能在演讲者和听众之间建立纽带——因为每个人都面临过这样的难题。

这涉及高级的演讲技巧，我当然不是说每次演讲都应该讲述非常私人的故事，但无论听众是谁，如果你能将自身经历融入演讲当中，那么就能与听众建立更紧密的联系。

如果有 10 个不同的演讲者就同一个话题用相同的结构演讲，就会有 10 种分享信息的不同方法。为什么呢？因为每个人都有不同的性格和观点，每个人突出强调的重点也有所不同——每个演讲者都是独一无二的。

你的风格是与众不同的——没有人能用和你一样的方式演讲。这就是为什么我总是建议演讲者最好亲自准备演讲内容并制作幻灯片，这样才能将演讲的节奏完全掌握在自己手中，让演讲更自然。如果出于某些原因，你拿到的是别人的演讲内容，那么最好花时间加入一些自己的观点。

你可以通过自己的方式让演讲内容生动起来，而正是你独特的方式（比如故事、例子、身体语言以及你的声音等）展现出你的性格。我们将在后面的章节中更加详细地讨论这些方面。在讨论如何讲故事的章节，我们要达到的目的是更好地吸引听众。而在这一部分，我们从另一个角度出发，思考如何利用讲故事让听众更加了解你。我在备忘录里记录了很多故事，供以后演讲使用，其中有很多我做过的蠢事，而我后来从中吸取了教训。

我曾经非常害怕在众人面前演讲，我有很多和这段经历相关的故事。我在讲述的时候完全诚实坦然，常常带着自嘲的幽默。我之所以讲这些故事，是因为听众也有类似缺乏演讲信心的顾虑。前面我提到过，对我个人而言，在经历了团队会议上临阵脱逃的尴尬之后，我决定行动起来，参加相关的演讲训练。虽然这样的经历暴露了我的弱点，但每个人都能从中看到自己的影子。我在 TEDx 演讲中分享了这段经历，这段演讲能在网上找到，未来一直都能看到，我再也无法把这段经历隐藏起来。当然，我也知道什么时机分享这段经历比较恰当。当人们要决定是否订阅我的演讲或跟着我练习演讲时，他们会在网上观看这段视频，从我身上找到自己的影子。

我从法学院毕业的时候，属于寥寥几个没有找到工作的人之一。班上的大多数同学都找到了薪资福利很好的工作。而我可能申请了 100 家公司，却没有收到一家的录用通知。我的一个朋友已经拿到了非常好的工作，他对我很真诚，甚至可以说真诚得有些残忍——他建议我多关注小型律师事务所，当面把简历交到对方相关人员的手上。这对我而言无疑是最可怕的事情：我连在班上演讲都做不到，更不用提到律师事务所去毛遂自荐了！然而，我意识到自己别无选择，如果我想成为一名律师，就需要在律师事务所谋求一个职位，这样我至少可以慢慢学习，历练自己。在一天的时间里，我敲响了 25 家律师事务所的大门，除了最后一家律师事务所，它们无一例外地都拒绝了我。当时已经天黑，律师事务所的员工们快要下班了。这家律师事务所的保洁阿姨兼任接待，她看我很可怜，就去找了经理，让我稍等一下。随后与经理的会面奠定了我在法律职业道路上的基石。多年后，我最终成功进入了最初拒绝我的顶级律师事务所。与这段经历相关的话题有：持之以恒、走出舒适区、专注于自己的目标及保持耐心。

你讲的故事并不一定要非常严肃。轻松的小故事效果也可以很好，说不定会让听众会心一笑。在第 10 章，我提到过肖恩·阿克尔的 TED 演讲《改善工作的快乐之道》，这个演讲就是将幽默融入个人故事的典范。你如果还没看过这个演讲的话，一定要看一下。我在这里简要概括一下。阿克尔和妹妹很小的时候在双层床的上铺玩耍，妹妹摔了下去。作为哥哥，阿克尔本来是应该照顾好妹妹的，然而妹妹摔到了地上并且眼看就要大哭起来，他觉得自己要挨骂了。这时他的脑子一转，对妹妹说她是一只独角兽——这转移了妹妹的注意力，让她忘记了自己要哭，转而开心地认同这个观点。我们每个人都有过小时候玩游戏、过家家的经历，这样的故事能让人有所共鸣。阿克尔用夸张的叙述讲了一个十分有趣的故事，最终引出了自己的演讲话题：积极心理学。

几年前，我购买了一台可以连接网络的智能电视。当时，我沉迷于看电视，但并没有订阅网飞（Netflix）或亚马逊金牌会员（Amazon Prime）这类服务——我最喜欢看自己的智能电视！在我可以用电视播放网络视频之后，我经常几个星期就能一口气看完一部长达五季的电视连续剧。然而，我并没有意识到自己的宽带使用量早就超出限额，需要额外付费。发现之后，我立刻升级了宽带限额，但这个失误让我多付了一大笔钱。我从这件事中学到的是：一定要弄清所有可能性再做决定。每次犯错误之后，一定要牢记教训，不能再犯相同的错误！

只要你的想象力够丰富，任何材料都可以变成有趣的故事。你可以从工作经历、体育活动、假期、中学或大学的经历中获得灵感。

看了这么多，不如你也来试一试吧。

练 习

开展头脑风暴，花时间想想你有哪些故事可以讲。积累这样的材料对面试时的演讲极为有用，可以帮助你应对很多问题，比如“到目前为止，你遇到的最大挑战是什么？”以及“目前你最大的成就是什么？”。你的故事不一定非要是什么了不起的壮举。不妨想想自己参加过的项目，或者体育运动方面的挑战——从童年到如今的经历都可以。你无须担心故事讲得好不好，是否有趣，这些都可以日后再完善。你也可以参考肖恩·阿克尔的例子——他讲述的只不过是小时候自己和妹妹单独玩耍，妹妹从床上跌落的故事，并没有什么大不了的。只不过他讲故事的方法可圈可点，将自己的风格呈现了出来。他选择将这个故事和演讲话题“积极心理学对人的影响”联系到一起。只要加以准备，你也可以像他一样讲故事。

你在选择演讲中打算分享的经历时，不妨想想以下几点。

- 你学到了什么？
- 克服了什么困难？
- 得到了什么新的领悟？
- 是这件事让你走上了如今的职业道路吗？

通过分析这些问题并将其穿插在故事当中，你就能让听众走进你的世界里。他们会掌握更多关于你的信息，了解在成长过程中的哪些方面对你很重要。就像肖恩·阿克尔讲述的故事一样，他有所选择地突出了参加自己的重点。这样你手头就有了现成的材料，可以应对接受考评或参加面试时的即兴问答和演讲。

学习其他演讲者展示个性的方法

我在本书中反复提到 TED 演讲，供读者参考。我专门加以讨论的演讲片段一般都是我认为能够展现演讲者个性的。我在看这些演讲的时候，能感受到演讲者在台下的生活中也是一样的人。

以肯·罗宾森的 TED 演讲《教育扼杀创造力吗？》为例，在罗宾森讲故事的时候，我们可以看到他身上幽默的一面。他用诙谐的方式讲故事，并且跟着听众一起笑。当话题回归严肃要点的时候，我们又能看到他权威的一面。在演讲过程中，他用丰富的面部表情和语音语调来介绍不同的内容，给人的感觉就是他展示出来的是真实的自己。

另一个例子是艾米·卡迪的 TED 演讲《肢体语言塑造人格》。卡迪是哈佛大学教授，她演讲的主题是我们的肢体语言会影响我们思考，尤其是在自信和抗压能力方面。她在演讲时声音轻柔，但给人的感觉十分可信。在演讲的结尾，她讲述了自己读大学时完全丧失信心但在后来慢慢恢复的故事。作为听众，我们可以看到她脆弱的一面，由此产生共鸣。

也许你不想在上述例子所描述的方面展现出弱点，但仍然有很多其他的方面可以让你展示真我，让听众有“自己看到什么就是什么”的体验。

个人风格与形象

真实的自我包括个人风格与形象。人们天生就会在别人开口之前飞快地以貌取人——这是一种无意识的动作，是一种“感受”或“直觉”。那么，有哪些因素会影响他人对我们的印象呢？从我们的穿着到我们的肢体语言，都会影响他人的判断。

注意肢体语言

你的肢体语言传递出了什么信号？你是站得笔直，看上去自信十足，还是不敢直视他人，看起来很紧张？人们仅仅观察他人几秒钟就能对这个人的能力、自信程度和人际交往能力做出预判。我们的肢体语言大多是无意识的。例如，你可能交叉双臂，因为这个姿势让你感到舒服，然而不太了解你的人可能会认为你在采取防御姿态，原因是抱着胳膊是个封闭的姿势；或者，你的面部表情可能会被解读为你很紧张，但实际上你只是在集中精力思考接下来该说什么。兴奋和紧张也会对肢体语言产生影响，使我们的动作与正常情况相比不那么自然。你如果想给人留下自信、有能力的印象，就要确保你的肢体语言能展现出这样的特点。你可以翻到第 13 章，那一部分会介绍更多这方面的细节。

在一定程度上，你可以控制自己如何用姿势、面部表情和手势来传递信息。了解自己在演讲或面试过程中的语言和动作是一个很好的开始。不妨找机会在别人面前排练，并从他们那里得到反馈，同时录制视频，这样你就能看到自己的语言和动作，以此来有意识地控制自己在听众面前塑造什么样的形象。在实践中，你可以暂停一下，检查自己的姿态，看是否采取了正确的肢体语言，比如下面的行为：

- 走进会议室时，报以友好的微笑，与对方握手。
- 微笑点头或者表示赞同，确保你看起来很感兴趣。
- 避免紧张时下意识的习惯动作，例如玩头发或身上的饰品。

穿戴衣着和仪容仪表

你应该穿什么去参加会议演讲或新工作的面试？过去，面试时唯一得体的衣着是正装。如今早已不是这样了。在办公室等场合，日常工作时的着装也发生了改变。很多企业现在都很乐意让员工穿着休闲舒适的衣服来上班。信息技术公司和媒体公司的着装更为随意。穿什么风格的服装合适，要看具体的行业和企业文化。

在为面试做准备时，我建议查看公司网站来做一些功课，看看上面是否有团队照片，以及照片上员工的日常着装是怎样的。如果可能的话，你甚至可以事先去公司看一下。你的着装既要适合你所应聘的角色，又要符合你的自然风格。如果你不确定该穿什么，那么我个人认为选择正式的着装比休闲装稳妥。

如果你是给同事做演讲，那就不需要进行任何额外的打扮，日常工作时的着装就可以。如果你要给客户做演讲或出差的话，那就应该穿着更正式一点。对于面试而言，你需要更有针对性，看看你要参加的面试具体是什么风格。

无论你选择什么穿着，都要提前试一试。我在参加重要会议或演讲的时候，从来不穿没有提前试穿过的衣服。因为穿这样的衣服可能会感到不舒服或者有束缚感，我不希望这样的情况发生，因为我只想将注意力更多地集中到重要的内容上。即便你要穿的不是新衣服，也要仔细检查衣服上是否有污渍或者破损。我以前有个同事，总是穿着一身帅气的条纹西装。一天，他来我的办公室讨论一个案件，然后去开会。那天我注意到他的一条裤腿上有个大洞，就在膝盖上方。我想要告诉他，但又觉得很尴尬，不知如何开口。我想要表达的重点是，不要在错误的地方吸引注意力。要注意任何可能让人分心的地方，甚至像鞋底的标签也不要放过。很多人认为，没人会看鞋底的标签，何必要撕下来呢？实际上，你每走一步，别人都能看到这个标签。这虽然是个很小的细节，但这类细节值得关注。

同样，如果你走动时饰品或珠宝发出响声，也会让人分心。

无论你选择穿什么，良好整洁的仪容仪表都是必不可少的。你需要关注细节，塑造自己想要的专业形象。这些细节往往很简单，比如修剪指甲和梳好头发等。

你可能听过这样一句话："给人留下第一印象的机会只有一次，你永远不会有第二次机会。"无论你是否相信这种说法，都应该尽力准备，抓住机会，以最好的一面示人。

因为第一印象至关重要。

提　示

- 观察其他演讲者，看看他们如何展现自己的性格——他们讲述了什么例子或故事，是如何讲述的?
- 花点时间分析一下自己的性格——清楚自己真正的性格之后，就可以想办法在演讲中展现出来。
- 要记住，只要我们走上台，人们就会飞快地开始形成第一印象。想想你的姿势和肢体语言——你使用的交流方式是否理想？为了更好地看到自己的表现，你可以把自己的演讲录下来，观看回放，比较自己表现出来的行为和演讲时的想法是否一致。
- 你的个人形象传递的信息应该有目的才对——你的衣着穿戴是否反映了自己的风格，同时也符合听众的预期（特别是面试的时候）？不要忘记提前做功课，了解潜在雇主的预期。

第 12 章

克服紧张情绪

对大多数人来说，在公共场合演讲是一个挑战。演讲是很多人的软肋，无论他身处哪个行业、资历高低，甚至很多外表自信满满的人都害怕演讲。如果你一想到要站在很多人面前演讲就坐立不安，那么别担心，很多人都和你一样。我给很多领域的精英和元老做过培训，他们受人尊敬，在各种讨论和会议上表现非常出色。然而，一想到要在满屋子的客户和同事面前演讲，他们就会非常紧张。他们没有办法随意敞开心扉谈论这种情绪——在一定程度上这是因为在职业生涯发展到一定阶段之后，人们会自然而然地认为他们会随着资历的积累越来越自信。

你已经在前面读到过，我可以毫不掩饰地承认这对我来说是一个大问题——在很长一段时间里，对演讲的恐惧使我无法在职场上取得应有的成就。好在我利用一些方法和技巧克服了这种恐惧，本章就介绍了这样一些技巧，它们也许能够帮到你。

我们很多人在这种情况下感到焦虑，是因为害怕失败或丢脸。虽然我们在理智上清楚这一点，但大脑和身体还是会不由自主地做出一系列反应，比如面红耳赤、抖动不止甚至头晕恶心等。这些反应大多与体内肾上腺素飙升有关，这是人在遇到危险或紧急情况时的正常反应。你可以仔细想想，我们感到兴奋时，产生的生理反应是类似的。我们需要用积极的眼光来看待这些反应，虽然这有一定的难度。

充分准备和排练

对我而言，要想胸有成竹地上台演讲，最容易同时也是最重要的莫过于做好充分的准备。准备工作主要是指起草演讲内容并将其修改到自己满意为止，还有演讲内容要提早准备，这样才有时间慢慢消化。虽然身体做出的紧张反应难以控制，但排练是你可以牢牢掌握的事情。你付出的努力会对演讲结果产生很大的影响。你如果有备而来，就不会感到失控，这能在一定程度上缓解紧张情绪。排练可以加强肌肉记忆，这样你在真正演讲的时候，就不会对内容感到陌生。记住，你在排练的时候，一定要大声讲出来。

培养自信最好的方法就是做好准备工作，不断寻找机会开口发言——你练得越多，效果就越好。

心理准备同样重要，本章的其他部分会进行具体介绍。

避免负面的自我暗示

首先，无论是在接受考评、参加面试，还是面对更多人演讲，在上台之前，你在心里对自己说的话都很重要。有很多常见的负面自我暗示，例如：

- “我好紧张”。
- “我很可能会忘词”。
- “今天的听众很严格”。
- “我看上去肯定会很傻”。

你如果存在上面这些念头或类似的想法，就会更加紧张。

不要忘了，你的听众很庆幸看到台上的人是你而不是他们自己。大多数人都害怕演讲，他们更愿意在听众席里坐着，而不是上台演讲。因此，可以说你已经领先他们一步了。

转移注意力，不要一直强迫自己关注紧张的情绪，不妨安慰自己紧张是由于肾上腺素升高，这有助于让你更加集中注意力，表现得更出色。与其担心忘词，不如提醒自己还有后备计划（你的演讲稿就在手里），而且经过你充分的准备，一切都会很顺利。

你需要以积极的心态看待演讲。同样的事情从不同的角度看就会变得不一样。你可以回忆过去的成功经历，这会让你更有自信。

运动心理学与自信心

每当一支队伍即将参加比赛的时候，教练一般会在最后时刻给队员加油打气。这样做可以鼓舞士气。下面是一些著名运动员的例子，我们可以一起看看他们是如何在重大比赛前调整心态的。

马克·贝利（Mark Bailey）曾在《每日电讯报》（*Daily Telegraph*）中提到英国足球运动员韦恩·鲁尼（Wayne Rooney）是如何进行赛前心理准备的。鲁尼会在比赛前一天晚上询问球队工作人员第二天穿什么比赛服。每逢大赛前，鲁尼都会在脑海中模拟比赛的场面——他想象自己穿着什么队服，每分每秒具体该怎样表现。他此前的职业生涯都是这样做的，不断用内心预演给予自己积极的心理暗示。

同样，田径运动员杰西卡·恩尼斯－希尔（Jessica Ennis-Hill）在2012年伦敦奥运会前也是这样做的。当时，她是全英国万众瞩目的冠军选手。她也通过内心预演对自己进行积极的心理暗示，最终获得了女子七项全能金牌。

奥运会游泳名将迈克尔·菲尔普斯（Michael Phelps）也在自传《无极限》（*No Limits*）中谈到在内心预演比赛场景，进行积极的心理暗示。对他而言，这和泳池中刻苦的训练一样重要。与前面提到的运动员一样，菲尔普斯想象比赛时的声音、画面并感觉这些生动的细节。他在脑海中一幕幕刻画对自己有利的细节、可能出现的失误以及应对的方法，这样一来他就能对比赛有更好的掌控。

这种对于运动员极为有效的方法，对演讲是否有效呢？

《哈佛医学杂志》（*Harvard Medical Magazine*）的编辑苏珊·卡兹（Susan Karcz）曾讨论过这种方法。这是一种运动心理学家和体育教练经常使用的方法，运动员会在心中反复预演每一种状况、障碍、失误和成功。等到真正参赛时，他们已经做足了心理准备。

既然这种方法对很多世界级运动员有效，可以帮助他们在压力下进行自我调整，保持头脑清醒，那么你不妨也试一试，看看这种方法是否有助于克服演讲时的紧张情绪。这在找工作时格外有用，比如说在参加面试或接受考评时。在这些场景中，你要面对很大的压力，需要拿出你的最佳状态。如果这种方法有助于你取得成功，那不是很好吗？

如何进行内心预演

内心预演是一种通过想象成功的结果来进行心理准备的技巧，有时也被称为心理想象。我们一直都在使用自己的想象力，这并非什么新鲜事。有意识地运用想象力可以增强你演讲的信心，提高表达能力。

在大部分时间里，我们都在无意识地完成日常活动，没有特别思考过各种事件的结果。一旦大脑朝着你希望的方向努力，就能得到很出色的成果——你专注于什么事情，就能得到相应的结果，那么为什么不专注于积极的想法呢?

练　习

你可以多读几遍下面的步骤，熟悉之后闭上眼睛，在脑海中演练这一过程；也可以闭上眼睛让别人读给你听；或者自己读的时候用手机录下来，回头再听一遍。

- 首先，闭上双眼，放松身体。
- 然后想象演讲的场面，刻画每个细节，清楚自己要做的每一件事。
- 在放松的状态下，看着想象中的你面对听众正要开始演讲，就像在看大屏幕上的电影一样。
- 想象你的演讲十分完美，要注意看到每个细节，包括你是站着还是坐着，演讲的场地是什么样子，灯光和场地是如何布局的，等等。想象你穿的是什么衣服，听众都有哪些人。颜色、声音甚至气味等细节都要刻画得栩栩如生。你看到了什么？听到了什么？感受到了什么？
- 现在，你应该走进大屏幕，想象自己在台上开始演讲了。你要从自己的视角来看这个场景。你的所见所闻就是真实的演讲现场。

听众对你的演讲反响很好。用视觉、听觉、触觉来想象，场景越逼真越好。这是你的内心电影，你可以反复放映。

有些人一开始会觉得这个技巧很难，没有办法闭上眼睛让场景清晰地浮现在脑海里。这没关系，并不一定要看到画面。如果你的眼前没有画面，那么你只要感受一下这个场景就可以。你仍然可以想象听到自己自信地演讲，听众在台下鼓掌。你可以运用任何一种感官来想象演讲的场景。

你可以随时在自己的脑海中一遍遍播放这样的电影，不断强化积极的效果，每次可能只需要花费几分钟的时间。如果你事先写下心中的目标，内心预演就会发挥更强大的力量。这在演讲的前一天晚上是非常好的准备方式。

通过冥想让自己镇静

正念或冥想也是很多人让自己镇静下来的方法之一，可以让人抛开心中的杂念。

与我们平日里的匆忙不同，冥想强调“无为”和“静止”。通过冥想，你可以训练自己的大脑丢掉前文提到的一些负面想法，集中注意力吸气呼气，减轻负面想法对你的影响。

这是一种长期训练方法，并不能一蹴而就。

如果你想试一试冥想，有很多学习的方法和途径，手机上有很多免费或付费的应用程序可以帮助你，例如 Omvana 和 Headspace 等。

呼吸的技巧

呼吸是我们不需要思考就能完成的事情。但在紧张时，我们往往采用胸式呼吸法，呼吸较浅，容易加剧紧张情绪，导致不自信和颤抖。

腹式呼吸能让你更深地呼吸，让更多的空气进入肺部，舒缓紧张的神经。正确的呼吸方法是冥想的一部分，能让你在演讲时更冷静，对演讲有更好的掌控。

下面是一个简单而有效的呼吸方法，你可以随时尝试一下。

练　习

- 站直或坐直，保持开放的姿势。
- 用腹部吸气，用鼻子呼气，重复四次。
- 屏住呼吸数四下。
- 用嘴吐气，数四下。

在上台发言之前，你可以用几分钟的时间做这样的呼吸，它会帮助你镇静下来。你甚至可以在轮到你起身发言之前默默地在自己的座位上这样做。

自信的姿势体态

在上一章中，当讨论到在演讲中展示性格时，我曾提到过艾米·卡迪的 TED 演讲《肢体语言塑造人格》。这段演讲中还有很多关于克服紧张情绪的精彩内容。卡迪讲到人在面对压力时体内会分泌皮质醇（压力状态下维持正常生理机能的激素）。通过身心配合，我们可以控制压力。卡迪的研究发现，如果我们采用自信有力的姿势体态，哪怕只有两分钟，皮质醇水平就会下降，让我们感到更加自信。那么，怎样的姿势体态是自信有力的呢？基本上所有开放的姿势都是自信的表现，例如挺胸、双臂张开，以及昂首挺胸、双手叉腰或手臂举过头顶，就像在庆祝一场巨大胜利一样。

我强烈建议你看一看这段演讲，然后自己尝试一下各种姿势体态。

特定的仪式

对有些人来说，某件物品或衣服能给他们带来好运。还有些人会在每次重大事件之前举行特定的仪式或做某些动作。这是人们面对压力时掌控局面的方法。

网球高手拉菲尔·纳达尔（Rafael Nadal）有很多仪式，我们能在赛场上看到他的一些赛前仪式。每次他上场比赛时，都要带两瓶水，并且以特殊的方式把水瓶排列在他的椅子前面。他一定会小心翼翼地确保两瓶水总是面朝同一个方向。如果水瓶不小心倒下，那么他会仔细地重新摆正。每次发球前，他总是要做一系列动作，包括摸脸和调整衣服等。有时，这些动作花费的时间过长，甚至有可能遭到裁判的处罚。纳达尔第十次问鼎法国网球公开赛男单冠军时，住的酒店正是他第一次夺冠时住的那一家——实际上，他每次在巴黎比赛时住的都是同一家酒店。无论这些是单纯的迷信还是讲究的仪式，对于纳达尔来说，它们都是赛前准备工作很重要的一部分。

哪些习惯可以帮助你进入状态呢？不妨尝试一些本章提到的建议，看哪些能为你所用。我在前面提到采用自信的姿势——我的许多客户都发现在参加重要会议之前这样做非常有用。他们很容易在洗手间或任何没有人的地方用这样的姿势独处两分钟，然后就会变得更加自信。

我在重大演讲前的简单仪式是提前到达场地，在空荡的会议室里走一圈，感受站在台上演讲是什么感觉。然后我会检查幻灯片和遥控笔是否好用。如果有评审员，当他们到场时我会去打个招呼，简单聊几句，这样在真正演讲的时候我就能在听众中看到几张熟悉而友好的面孔。接下来，我会关注自己的呼吸，提醒自己用腹部呼吸。

用音乐进入状态

几年前，我为一家国际律师事务所新上任的合伙人指导演讲。她应邀在某个行业会议上发言，她是这个会上唯一的女性发言人，这也是她第一次面对这么多听众发言。内心预演对她并不是很有用，因此我们只好另寻他法。我希望她能找到一个让自己进入状态的方法，最好能很容易地让她对这次演讲感到自信和激动。

我们发现听音乐对她非常有用，快节奏的音乐能让她进入状态，尤其是桃莉·巴顿（Dolly Parton）的《朝九晚五》（*9 to 5*）——这是一首非常动感的歌曲！我的客户决定每次排练演讲的时候都听这首歌，在前往会场的出租车上以及上场之前的几分钟也戴着耳机听这首歌。这让她心情愉快，自信满满，而且不会因为未知的恐惧和面对庞大听众的压力而坐立不安。这很有用。这场演讲过后，她变得更有底气，因为她已经有了成功的经验，下次演讲就会更加容易。

音乐能触发我们的情绪。对很多人来说，一首歌能给我们带来一段特定的回忆。对于我的这位客户来说，她听完这首歌会对演讲更有信心。每次她听到这首歌都会触发积极的情绪，这有助于缓解紧张。

音乐对于很多运动员来说也很有用，就像内心预演一样。我在 2012 年和 2016 年的奥运会上看到很多运动员从更衣室出来时都戴着耳机，尤其是游泳运动员。我们并不知道这些运动员具体在听什么，可能他们听的不是音乐，但一定是能帮助他们隔绝外部干扰、让他们进入状态的内容。这就是他们的赛前准备方式。

我已经给出了很多心理准备的方法，这些方法有助于你取得成功。当然，就像坐在沙发上想象做腹部运动无法得到六块腹肌一样，如果不付出一些切实的努力，那么你是无法取得成功的。没有充分的准备，你就无法自信地演讲。身体和心理上的双重准备能帮助你奠定良好的基础，克服紧张情绪。

你需要具有应对挑战和压力的能力。这种能力没有限度，你可以利用前面提到的技巧不断提升这一能力，以此来帮助你适应压力较大的环境，比如演讲和面试。

提　示

- 在接下来的一周里，有意识地关注你的想法，注意自己是否会说一些负面的话。如果可以的话，你应该尝试用更加积极、正面的表达方式重新说一遍。

- 看一看艾米·卡迪的演讲，想想哪种自信有力的姿势适合你。连续一周每天花两分钟时间练习这种姿势，看自己能否变得更加自信。
- 尝试使用一个指导你进行冥想的应用程序，看看你是否喜欢。
- 学会专门规划出时间来排练演讲内容和表达方式，这能极大地提高你的自信心。

第 13 章

肢体语言

在前面的章节中，我们已经讨论了如何组织材料并让内容尽可能有趣一些。在本章中，我们主要关注非语言信息，帮助你与听众建立更密切的联系，提高听众的参与度。毕竟，如果演讲的表达风格不佳，演讲者和听众不在同一个频道的话，即使幻灯片再震撼、故事再精彩，演讲也无法取得好的效果。

交流的关键元素

只要你和另一个人在同一个房间里，你们就是在交流——无论你们是否开口讲话。人与人的交流信息大部分是非语言的，主要包括以下三种交流形式：

- 语言交流——我们所说的话。
- 声音交流——我们的语调及讲话的方式。
- 视觉交流——我们的肢体语言，也就是非语言信息。

这三种形式都很重要，但我们的语调、讲话的方式及肢体语言比交流内容本身更具有说服力。

20 世纪 70 年代初，加利福尼亚大学洛杉矶分校的梅拉宾

（Mehrabian）教授对于以上三种形式进行了一项研究，主要针对感情和态度方面。研究关注我们对这些方面的重视程度，特别是语言和行为表现不一致的时候，我们更容易被语调、面部表情和动作行为说服。

我们可以看一个简单的例子。你一定见过别人生气或者难过的样子。如果你开口问"你还好吗"，这个人会说"我没事"。然而，他的语调和表情并不是这样表现的——这个人可能一脸愤怒或眼含泪水，姿势可能明显非常紧张。这些都证明他并不是"没事"。这时语言和非语言信息是不一致的。

简单地说，我们需要在交流时让自己传递的语言信息和非语言信息保持一致。因此，要想成为有说服力、充满自信的演讲者，你首先要从整体上理解人们是如何交流的。如果你从未见过你的听众（比如在参加面试或接受考评时），这一点就更加重要，因为评审团和听众会在你开口问好之前凭借非语言信息立刻对你做出判断。

你的肢体语言能影响他人

在前面讨论自信的章节中，我提到过艾米·卡迪所做的研究以及她的 TED 演讲《肢体语言塑造人格》。从她的演讲中，我们可以学到在进入面试或演讲等压力较大的环境之前要保持自信有力的姿势和体态，哪怕只有两分钟，这样做也可以提升自信。卡迪在研究中还发现一个有趣的事实。两组实验对象要接受同样的面试评审，第一组对象事先保持一段时间自信有力的姿势，第二组没有这样做。评审团并不知道这个区别，但他们认为第一组的表现更胜一筹。值得注意的是，肢体语言的细微差别可以给听众造成非常不同的影响，甚至能影响他们是否认同你、接受你——无论是购买你的产品、服务，还是认为你是最有能力的候选人。你的姿势和体态都能体现出你是怎样的人。

我个人认为，你的肢体语言需要反映你的性格，并且让你感到舒服。有些演讲专家会教学生采用“职业化”的站立方式或手势。对此我不敢苟同。的确，你需要给人留下“职业化”的感觉，但这并不意味着一定要限制自己的肢体语言，只要你的肢体语言不会让听众分心就可以。

我曾经为一家律师事务所的初级合伙人指导演讲。在正式排练的过程中，我注意到她一直用一只脚站着，整场 20 分钟的演讲过程中都是如此。排练结束，在我给出意见反馈之前，我先问了她一句“一只脚站着累吗”，她回答说“不累”。因为她完全没有意识到自己是这样站的！如果演讲的时候讲台能挡住演讲者的下半身，那么没有人会看到她是怎么站的；但是现在桌子下面是空的，听众能清楚看到她的站姿，并且很有可能因此分心。如果是这样的话，听众就无法将注意力全部集中到你辛苦组织的演讲内容上。对于我的客户而言，一旦发现了这个下意识的动作，她就可以在每次排练时慢慢纠正，最后她的演讲十分顺利。

面部表情作用很大

你有没有注意过播音员在播报电视新闻时是如何使用面部表情的？播音员的工作是以实事求是的方式报道新闻，他们坐在桌子后面，变换动作或手势的空间非常有限。但他们播报不同的新闻内容时语气会有所变化，用严肃或轻松的语气来反映新闻的基调。除了语气，他们还可以呈现不同的面部表情。如果你关掉电视机的声音，只看画面，仍然可以通过他们的表情（比如微笑或放松的面部肌肉）来判断他们是在播报严肃还是轻松的新闻。

一般来说，商务演讲者在演讲时看起来往往过于严肃——他们的表情过于严厉，这样不太容易受听众欢迎。你应该看上去放松一点。当然，并不是说所有的内容都需要用欢快的语气来讲，但轻微放松面部肌肉会带来很大的不同。一个最容易与陌生人建立纽带的方法就是微笑，微笑能帮助你放松身心，打破尴尬的沉默——站在考评人员面前时，你应该记住这一点。我在下文举了一些演讲者的例子，供读者参考。他们都用丰富的表情来强调自己的观点，或者为自己的故事增添色彩。要想知道你在演讲时给人留下怎样的印象，唯一的方法就是从听众那里收集反馈。你可以询问听众的感受，或者录下自己演讲的视频。我认为录视频能得到最真实准确的反馈。

使用手势

使用手势可以强化你想要表达的观点，但是如果你不知道使用什么手势合适的话，可能双手会无处安放。在下一章，我们会讨论紧张状态下的习惯动作，比如玩笔、在裤子口袋里玩硬币或拨弄头发等。这些动作都表现出演讲者的不安。如果你能意识到自己的哪些动作会让听众分心，就可以改正它们，用更有助于交流的动作取而代之。

你可以从练习将双手放在身体两侧开始。这需要你进行有意识的尝试，刚始可能会不自然，但一段时间后就不会觉得那么尴尬了。我最初开始做演讲的时候，经常将双手紧握放在胸前。这个动作并不会让听众太分心，但会表现得有点拘谨，我知道这可能透露出我缺乏自信这一信息。于是我想方设法改掉这个习惯，采用更恰当的手势。对我来说，下面的方法很管用。

你可以想象自己两只手各提着一个购物袋——每次排练演讲的时候，我都练习这个动作，保持一分钟。等你习惯这个动作之后，就可以加入其他更有目的性的手势，来配合强调你的演讲内容。

十指扣紧放在身前也是一个很自然的动作，有些政治家经常这么做。如果你经常觉得紧张不安的话，也可以尝试这样做。

站在一处还是四处走动

我们已经了解到肢体动作应当恰当自然，因此在台上四处走动可以让你在演讲时更有热情和活力。

不过，你如果不想走动的话，完全可以不这么做。你可以看看前面反复提到的肯·罗宾森的 TED 演讲，罗宾森就是全程一直站在同一个地方。演讲场地虽然很大，但站在同一个位置完全不会给听众带来不好的体验。他站着不动，显得非常庄重。他的语调、表情和手势完美传递出了他的热情、活力和幽默。

有的演讲者会在台上四处走动，效果也很好——乔布斯就很喜欢在大型产品发布会上演讲时来回踱步。前面我们曾讨论过 2016 年国际演讲会演讲比赛冠军戴文杰的案例。他当时的演讲有 2000 名听众，舞台很大。在演讲的大部分时间里，他站在同一个位置不动，但在几个节点他特意走动起来。为了与全场听众拉近距离，他在演讲的特定节点从舞台的一端走到了另一端。他并不是随意走动，而是有计划地在演讲到某个地方时开始走动，非常符合演讲的节奏。

在台上走动的方法没有正确和错误之分。真正应注意的地方在于要让全场人都能看到你——你需要平衡左右两边的听众，就像戴文杰一样，如果很难平衡的话，也可以站在原地，分别向两侧轻微转身，确保能和任何角度的听众进行目光交流。

同时，如果有讲台，最好不要站在讲台后面——如果听众能清楚看到你的话，他们会更加信任你。开放的肢体语言能传递出你的自信，就像保持有力的姿势能让你更有自信一样。

我建议大家看看下面几个 TED 演讲展示出来的不同演讲风格。每个演讲者都有自己独特的风格。他们在台上走动和使用手势的方法各不相同，但都有一个共同点，那就是和听众建立纽带，表现非常自然。看完这些演讲之后，你可以想一想你在演讲时应该如何使用肢体语言。

托尼·罗宾斯:《我们行为背后的动机是什么》(*Why We Do What We Do*)

托尼·罗宾斯（Tony Robbins）是美国著名的成功学导师，时常举办为期多天的研讨会，这意味着他会经常登台演讲，有时每天要演讲 10 个小时以上。他的听众人数也很庞大，少则 2 000 人，多则 10 000 人，很多年前我也是他的听众之一。对于这样的人，只进行短时间的演讲反而是个挑战。在这段 TED 演讲的一开头，他就声明了这一点。但在这里，我们主要关注他的肢体语言——他的肢体语言既生动又丰富，但毫不夸张。我要说明一下，这段演讲中使用了一些粗话，是为了加强震撼的效果。

罗宾斯身材高大，个性鲜明，这是他非常真实的一面。我见过相似行业的一些人刻意模仿他的风格，但效果不尽如人意。每个人都有自己独特的演讲方式和舞台姿势，我们应该完善自己的风格，而不是套用他人的风格。学习其他演讲者是为了更好地了解他们是如何与听众建立纽带的。

罗宾斯在台上走动非常频繁，甚至有些过于频繁，但他讲到关键点的时候会专门停下来，与听众进行目光接触，以此来找到平衡。注意看他是如何用表情和手势来强调重点内容的。他甚至还会在演讲时打响指。整个舞台都属于他，他散发着活力和热情——偶尔他可能会声音太大，引起某些听众不适，但他会变化自己讲话的语气和语调来进行调整。如果整场演讲都大喊大叫，肯定会让听众反感，我经常见到这样的情况。我们会在后面的章节详细讨论这一点。

朱利安·特雷热:《如何让别人听你说话》(*How to Speak so that People Want to Listen*)

与托尼·罗宾斯不同，朱利安·特雷热（Julian Treasure）不怎么在台上走动，但这丝毫没有削弱他的演讲效果。他使用手势来强调自己的观点，用图像来解释概念。在演讲的大部分时间里，特雷热都站在同一个位置。在后面讨论语言信息的部分，我们会回过头来看罗宾斯的演讲，因为他在这方面做得非常好。

苏珊·凯恩:《内向的力量》(*The Power of Introverts*)

苏珊·凯恩（Susan Cain）在演讲过程中一直都有手部动作。有趣的是，当她不用手势与听众“交流”时，她会双手交握。有些人认为握紧双手代表一个人很紧张，但我认为凯恩在演讲时的手势恰到好处，毫不尴尬。如果说她全程握紧双手，一直保持这个姿势，可能会看上去有些尴尬，但她其实做了很多其他动作，非常自然。我曾经就在演讲时两手一直紧紧握在一起，直到学会自然地把手放在身体两侧，这个动作才有所改变。现在我和凯恩一样，能用不同的手势来和听众“交流”。

西蒙·斯涅克:《伟大的领导者如何激励行动》(*How Great Leaders Inspire Action*)

与上面提到的其他演讲者相比，西蒙·斯涅克（Simon Sinek）在台上的活动空间很小。开头几分钟他手中的话筒出了些问题，后来有人给他递了一个新的话筒。但这丝毫没有影响他的表现。他一直和听众保持良好的目光交流，一只手拿话筒，另一只手做手势。我选取这段演讲作为例子是因为斯涅克在活动挂图上面画示意图，为演讲增添了视觉元素。在画图的时候，他和听众之间的联系也没中断，他只是身体略微转向活动挂图，保持相当开放的姿势，以便维持和听众联系的纽带。这是在演讲时使用活动挂图的良好范例。你在演讲时最不应该做的事情就是背对听众，尤其是在看幻灯片的时候。最好是想办法只用眼角瞥一下，或者轻微转身去看。

我之所以讨论这四个演讲，是为了让读者明白每个演讲者都有自己独特的风格。世界上没有完全相同的演讲者，但他们在传递自己的信息时都使用肢体语言，并且充满活力。并没有规定要求你一定要用怎样的站姿和手势——上面四位风格迥异的演讲者很好地证明了这一点。重点在于选择适合你的风格，并且确保你的任何行为都不会分散听众的注意力。

适应和理解肢体语言的力量需要一些时间，你如果不经常做演讲或演示，那么可能需要在其他场合多加练习，使用肢体语言。

练　习

挺胸站直，双肩平齐，脚尖向前，双脚分开站立，重心放在身体中间。想象有一根绳子拴在头顶，或者脚底有钢条深深扎根在地下，固定着你。这个站姿能展现出很强的力量，让你更有站在舞台中央的自信。你可以经常练习这个姿势，体会一下这是什么感觉。

在地铁上或排队等候的时候，你可以练习这样站，甚至在刷牙的时候也可以！

保持恰当的目光接触

对着听众讲话时，目光交流很重要，是维持你与听众之间联系纽带的关键。很明显，当你和听众交流时，你应该看着他们，但并不是每个人一开始都能轻易做到这一点。想象一下，如果有人在和你讲话，但你们之间没有目光接触，是不是很不自然？说话的人可能并不是故意要躲避对方的目光，也许只是缺乏信心，但难免会被人认为不够真诚，因而很难说服别人。

因此，与听众进行目光交流至关重要。要注意时间上的平衡，你每次注视听众只需要几秒钟的时间，不要长时间盯着听众看，否则听众也会感到不适。一开始，你如果做不到直视听众的双眼，那么可以尝试向他们头顶的方向看，不一定真的有目光接触。演讲的时候，你需要挑战一下自己，每次多和两个听众进行目光交流，直到你能很自然地这样做，完成这个动作不需要有意识的思考。

为什么充满活力很重要

你的活力和热情能赋予演讲生命。我们每个人展现热情的程度和方法都不一样，这一点因人而异。你需要在自然的风格中展现出热情，要记住：你需要表现出对你的演讲主题感兴趣，因为如果你自己都不感兴趣的话，那么听众为何还要听呢？听众在聆听时会受到你的感染。

当然，有时候还有另一种情况——你在台上充满活力，滔滔不绝，而台下的听众毫无反应，难以捉摸。这时，你需要稍微放缓语气，先和听众保持在同一个频率上，慢慢感染他们，然后逐渐为演讲注入活力。

你的热情可以通过语调、手势甚至一个简单的微笑传递给听众。

本章的主要观点是，你所传递的信息不仅仅在于你说话的内容。

提　示

- 当排练演讲时，你要确保你传递的语言信息和非语言信息保持一致，互不冲突。
- 尽可能多听别人的演讲，无论是在研讨会、办公室里的演讲，还是网上的 TED 演讲或国际演讲会的演讲。观察其他演讲者的姿态和手势，想想如何打造属于自己的风格。
- 练习时，为自己录制一段视频——帮助你看清自己有哪些不好的动作需要加以改正，以及有哪些有利于沟通的动作需要强化。

第 14 章

改掉坏习惯

本书的主要目的是帮助你获得最好的演讲效果，让你在演讲时既能吸引听众，又能展现个性。为此，我已经多次建议通过排练和反馈来消除任何可能影响演讲效果的因素，从而为你的成功打下基础。这些影响演讲效果的因素包括一些坏习惯。

什么是坏习惯

我认为，“坏习惯”是那些会让听众分心或妨碍你在演讲时将状态发挥到最好的习惯。

在前几章中，我们在讨论设计幻灯片时提到过一些坏习惯，还提到过应该花些功夫用幻灯片提升听众的体验。制作幻灯片最常见的坏习惯是把所有内容都堆上去，满屏都是文字要点。

在本章中，我们关注的不是技术方面的坏习惯，而是在其他平时可能注意不到的方面。你需要在这些方面寻求提升空间。

不要用道歉博得同情

永远不要用道歉来博取同情。为什么总是有人在演讲时道歉呢？让我们来看看下面几个场景。

在演讲一开头就道歉会让听众特别留意你演讲中的不足之处。我曾见过有的演讲者无精打采，并为此道歉，说自己前一晚没有睡好或其他一些原因。然而，听众并不在意你的借口，这只会让你看上去很不专业。即使你感觉自己不在状态，也要尽可能在短短的演讲时间里加以调整，让自己看上去有活力一些，配合恰当的肢体语言，给听众带来良好的体验。

演讲主题可能有点枯燥或技术性较强，但对听众来说你的演讲是了解相关知识所必要的。没有必要在开头就说演讲很“无聊”，这并不能让听众更感兴趣。如果话题不是很吸引人，那么你最好下点功夫，在其中加入一些有趣的类比、故事或视觉道具。你如果没能这么做，也千万不要主动说这些内容很无聊，否则就算听众原本不是这么想的，他们也会感到无聊。

道歉最常见的原因可能是演讲的时间不够，演讲者到最后只能飞快地点击幻灯片，有很多要点都没能展开阐述。这样非常不好。这种情况给听众留下的印象是演讲者没有花心思做准备，只能跳过一些内容，他们觉得自己受到敷衍。因此，演讲者必须事先准备好演讲内容，使其符合规定的时间安排，并进行充分的排练，这很重要，这样你才不会把自己置于尴尬的境地之中。

如果你是在面试中做演讲，这是一个展示个性、知识和技能的绝佳机会。雇主需要应聘者具有的技能包括规划能力、时间观念和积极主动的态度。无论出于什么原因，如果你当天没有做好充分的准备，那么我建议你集中精力展示自己准备好的方面，尽可能把这部分做到最好；不要道歉，否则听众的注意力会被吸引到你准备不足的方面。当然，解决这个问题的最好方法是进行充分的准备，但有时其他更重要的事情的确会阻碍计划的实现。

幻灯片是你的支持道具

在本书中，我反复提到这一点。幻灯片只是支持道具，你才是演讲最重要的元素。如果你制作幻灯片时最大程度地考虑了听众体验，那么幻灯片应该更多地基于图像而不是文字。然而有些演讲者为了记住演讲内容，在幻灯片上放堆放太多文字，把幻灯片当成了提词器。这样做也很不好，原因有两个：第一，幻灯片上文字太多，听众会看不过来；第二，你低头或转身长时间看幻灯片的时候，你和听众之间的联系纽带就会中断。

你如果一定要携带提示演讲内容的道具，那么可以将提词卡或思维导图放在桌子上或者电脑边。你可以复习一下前面讨论携带演讲稿的部分。

除了上面所说的，演讲者不能过度依赖幻灯片还有一个原因，那就是技术有时会在难以预料的情况下失灵——幻灯片可能临时无法放映或格式混乱。你要为这种情况做好准备，做到即使没有幻灯片也能很好地演讲下去。

询问是否能延长演讲时间

缺乏准备和排练往往会导致演讲者不能准确掌控演讲时长。不要在演讲时要求负责人或主持人给你更多的时间，这是个坏习惯。你如果这样做，就会将他们置于很尴尬的境地，因为他们必须安排好整个议程的时间。此外，这很明显是在告诉别人你没有准备好。

有时，你的演讲时长会被迫缩短，但并不是出于自己的失误，比如可能是其他演讲者超时了。

如果出于某些原因你不得不缩短演讲时长，那么你也不要道歉，你应该在内心默默思考，对内容进行调整，看哪些内容可以省略，但一定要用原本计划好的结尾内容来结束演讲，这样才能给听众造成应有的冲击力。如果需要跳过幻灯片的话，那么你应该结束放映，把页面缩小，直接跳到你想用的那一页再重新开始放映。你可以假装是在寻找某一张特定的幻灯片，而不是跳过了许多内容。

紧张时的小动作

我们在紧张的状态下会有一些小动作，然而自己往往意识不到。这样的小动作有很多，例如下面这些。

- 拨弄长头发。
- 经常摸脸。
- 摆弄戒指。
- 反复按压圆珠笔，或者盖上笔盖再拿下来。
- 在裤子口袋里叮叮当当地玩钥匙或硬币。

这种动作会让听众感到心烦，尤其是那些发出声音的动作！要解决这个问题，首先要确定自己有没有这样的小动作。如果有的话，你就需要改掉它，最简单的方法就是用别的动作代替。如果你习惯了手里握着东西，觉得空着手很难受，那么可以拿一支不会发出声响的笔，或者握着写好要点的提词卡。这样做可以帮助你慢慢过渡，最终习惯手里什么都不拿。你越努力形成新的习惯，旧的坏习惯改正得也就越快。

演讲时踱步、摇晃、来回走动

紧张的情绪会导致其他无意识的动作，比如在台上来回踱步。从舞台一端走到另一端本身并不一定是件坏事，但如果你一直不停地走来走去，就会分散听众的注意力。有很多演讲者习惯踱步，这是他们自然风格的一部分。关键在于要控制节奏，不时停顿，否则听众就要跟随着演讲者的身影频频转头，就像在看网球比赛一样！演讲者走动的时候要有目的性，而不是随意乱走。有一个办法可以帮助你在这方面进行提升，那就是你可以事先决定好在阐述要点的时候是站立不动还是一直走动，你在从一个要点过渡要另一个要点的时候想要保持什么姿势。你如果携带提词卡的话，就可以把这些写在上面，用高亮文字标记那些你打算站立不动来阐述的要点。

同样，还有一个无意识的行为是原地不动，保持同一个姿势太久，比如说用一条腿站立或者来回摇晃身体。这些动作会给人一种不太专业或过于放松的印象。我并不是说这些动作永远都不能做，但你应该注意演讲场合及会议类型，如果你在为客户演讲或者是参加面试的话，这样做就不太合适。

和前面所说的一样，你需要首先意识到自己有做这些动作的倾向——可以请别人看你排练并在你的动作不合适的时候加以提醒，这样你就可以不断地纠正自己的动作，慢慢学会挺胸站直，把重心放在两条腿中间。

不要寄希望于临场发挥

我认为，一个演讲者最坏的习惯莫过于不投入时间准备，总是拖到最后一刻，想着自己可以临场发挥。在第 4 章，我们讨论过排练的重要性。如果不排练，你就无法控制演讲时长，也不知道把演讲内容大声说出来是什么效果。要想呈现高水准的演讲或演示，你必须进行恰当的规划。如果你要面试新职位，就更不能抱着“赌一把”的心态去面对了，因为你需要从众多应聘者当中脱颖而出——当然需要充足的准备，而不是寄希望于临场发挥！

语速太快

我曾举办过一个为期两天的演讲技巧研讨会。在此期间，参会代表有机会进行演讲，听取小组其他成员的反馈意见，然后加以改进，再多次练习这段演讲。有两位小组成员得到的反馈是，他们的语速太快，如果放慢演讲节奏的话效果会更好。然而，这两个人都表示，虽然他们在演讲时都意识到自己讲话太快，但并没有放缓语速，因为他们实在是太想快点结束演讲，早点解脱！我们已经研究了很多会在紧张时发生的问题，为了“早点解脱”而讲得飞快也是一个常见的情况。

演讲者往往意识不到自己语速过快。当体内肾上腺素飙升时，我们的呼吸加快了，同时说话的速度也加快了。

只要肯花时间多加练习，我们就能改善语速问题。你应该用自然的语速，保持对话一样的节奏。我所说的“自然”，是相对于你自己而言。有些人本来讲话就很快——如果你就是这样的话，那么你要为听众考虑，在各个部分之间有所停顿。

不要声音太小

如果听众听不到你的声音，那么你的所有准备和努力都会付诸东流。有的人天生讲话声音就很小，而有的人在紧张时声音会变小。练习可以有效改善这一点。如果你在别人面前排练或录下自己的排练视频，你就能判断出在某个大小的空间中，你的声音是否足够洪亮。有时，你只有一次机会来给听众留下印象，这时一定要确保声音足够响亮以便听众能听到你讲话。注意要让后排的听众也能听到你讲话——可以用腹部呼吸，这样就能有足够的气息为你提供力量。记得时刻关注听众的体验，这能帮助你及时调整音量；否则演讲者只会关注自己，一心想着快点解脱，尤其是在面试等压力较大的场合。第 15 章中有更多关于控制声音方面的建议。

少用语气填充词

语气填充词包括下面这些字词：嗯、呃、啊、然后、好比、对吧、那个……

我们在日常对话中使用这些词并没有什么问题，但是如果在演讲中用得太过频繁的话，听众会感到难受。一旦听众觉得这些词很烦人，注意力就会被分散，原本可能非常精彩的一场演讲，效果就会大打折扣。在紧张或思考接下来应该说什么的时候，我们会忍不住用这些词来填补空白。

在演讲中减少使用这类填充词的一个方法是用停顿来代替。当你思索下面该说什么的时候，在心里告诉自己不要说话，深呼吸，停顿几秒钟。对你来说，这短短几秒似乎像一辈子一样长，但对听众来说，他们几乎意识不到这样停顿的时间有多长，而且这给了他们时间来消化你刚刚分享的信息。

这也是需要演讲者花时间慢慢提高的方面。

避免负面心理暗示

在第12章中，我们曾经提到过克服紧张情绪，例如担心忘词或声音颤抖这些负面的心理暗示。我们的内心怎样想，身体就会怎样做。一直担心糟糕的事情可能发生，不是好习惯。你可以复习前面的部分，拒绝负面的自我暗示，改善这一点。

记得关掉手机

在演讲时关掉手机，这一点毋庸置疑，不是吗？我相信你肯定见过开会时有人的电话响了，铃声可能很滑稽，于是其他人发出阵阵笑声。对于演讲者来说，这是很烦恼的事情，因为它会打乱演讲的节奏，并且对演讲者和听众而言其实都是很不尊重人的行为。在参加面试或接受考评时，你最不希望发生的事情就是手机响了。的确，人们经常忘记关掉手机铃声，而且往往就是在他们最不希望的时候有电话打进来。因此，我在工作时会将手机调到静音模式，回到家以后再把静音模式关掉，这样可以避免很多尴尬情况。我还有一个习惯，那就是在开会甚至进电影院之前再查看一下手机，确认铃声是否关掉了。可能对于你而言，一直保持手机静音不太现实。那么你可以在手机上设置提醒，提示你在重要会议之前确认手机已经静音。

练　习

- 在朋友或同事面前练习一段演讲，让他们记下你使用前述填充词的次数。了解你使用这些词的频率仅仅是第一步。
- 再做一遍同样的演讲，这次让你的朋友或同事在听到填充词时出声或按铃打断你演讲。不停被打断可能有些烦，但是这也能帮你改掉无意识的坏习惯，这样你就可以开始建立新的习惯——将无意义的填充词换成停顿。

不要忘记吃饭喝水

严格来说，忘记吃饭喝水可能不是一个坏习惯，只是要求你照顾好自己。但实际上，由于太过紧张，你可能会在演讲或接受考评之前忘记吃东西，或者不想吃东西，然而到时你的肚子会饿得咕咕叫，这不是专业的表现！此外，缺乏营养会影响你的注意力和活力，有时会导致头晕。同样，喝水太少也会让你感觉不舒服。提前计划好，准备一些零食，比如蛋白质、燕麦或坚果棒来补充能量，并且随身带一瓶水。

提　示

- 一定要有后备计划——如果你因为某种情况需要缩短演讲时间，你需要知道哪些内容可以缩减，避免引起听众不必要的怀疑。
- 请朋友或同事看你排练演讲，让他们在你使用填充词或有小动作的时候打断你，慢慢改掉这些习惯。
- 不要为准备不足找借口，直接给听众展现你能带来的价值——听众对借口不感兴趣。
- 养成开会前把手机调到静音的习惯，这能帮你避免很多尴尬情况。
- 随身携带水和零食，让自己保持精力充沛、注意力集中。

第 15 章

语言交流

你的声音能反映出你是怎样的人，彰显出你的性格。我们通过声音来表达情感。你的声音是独一无二的——它非常独特，因此，人们即使看不见你也能听出你的声音，比如在打电话的时候。想想你家人的声音，或者在电视广告中听到旁白的声音——某些声音具有非常高的辨识度。

无论你是在面试、团队会议还是在不认识你的听众面前演讲，你的声音都会给人留下特定的印象。你可能是某一份工作的最佳人选，但如果你说话的声音太小，语调单一，那么别人可能会认为你过于胆怯，缺乏自信和胜任工作的能力。如果你平时嗓门很大、说话直接，那么有些人可能会认为这是傲慢的表现。我们的目标是找到一种讲话的方法，让人们以你心中希望的方式来理解你。

在本章中，我想探讨的是如何使你的声音与你想要传递的信息保持一致。这并不意味着需要彻底改变你的声音来展现一个与你不同的角色，而是需要你做出调整，创造更好的交流效果。

你的声音听起来怎么样

你可能从来没有思考过关于自己声音的问题，认为这没有什么好思考的。我们总是理所当然地认为自己的声音天生就是如此——

直到我们生病失声或者从完全不同的角度听到自己的声音。我开始从事法律工作时，经常口述信件，这些信件后来会由团队秘书打印成文。在口述录音的时候，我会不断回放，确认录音无误，才能送去打字录入。多年来，我做过数百次这样的口述，然而我非常害怕听到自己的声音——我花了很长时间才习惯自己的声音与脑海中想象的不同。我们大多数人都不喜欢听自己的声音回放。

练　习

朗读杂志或图书上的一页，并且给自己录音。别人听到的声音和你听到的声音不一样——你认为自己的声音和想象中一样吗?

我们的语言模式有很多变量——速度、音调和音量，以及你的身体对声音的影响。通过练习，你可以调整自己的声音，更好地与听众建立联系的纽带。

你的嗓音是强大的工具

了解材料、分享知识只是演讲过程的一部分。我们花费了太多的时间担心应该讲什么，却没有用足够的时间考虑应该怎么讲。在第 13 章，我们讨论过梅拉宾教授关于语言和行为表现的研究——当二者不一致的时候，我们更容易被语调和动作说服，而不是被语言说服。怎么讲才是分享信息时较为重要的部分。

当空气通过肺部进入声带时，声带振动，声音就会从我们的嘴里传出——这个动作会影响音调和音量。通过调整节奏和语调，我们可以变换声音，更好地吸引听众。因此，我们呼吸的方式对于控制不同的声音非常重要。

在我提升演讲技能之初，有一件事让我很纠结，那就是我天生讲话就是轻声细语的。为了让自己讲话声音更大一些，我学习了唱歌的课程。我的老师要求我用腹部做深呼吸练习，而不是用胸部呼吸，因为胸部呼吸较浅。当然，呼吸是我们在无意识中进行的，但并不是所有的人都能掌握正确的呼吸技巧，尤其是在演讲的时候。这些呼吸练习让我专注于正确的技巧，并且真正意识到有必要采用恰当的呼吸方式。这带来了很大的不同，不仅仅让我讲话声音更大，而且能让我更好地控制声音，以便应对紧张的情绪。当肾上腺素飙升时，我们容易呼吸变浅，但这没有丝毫益处！这样的练习让我关注恰当的技巧。

膈式呼吸是歌手的主要呼吸方式——这种方式能够通过平稳的呼气来控制呼吸，不会被胸部的压力所限制。相比较而言，较浅的胸式呼吸就像是一只脚踩在油门上，另一只脚踩在刹车上。我不想讲得太专业，只是想强调理想状态下你需要控制自己的力量、活力和呼吸，因为当你在台上演讲的时候，你需要足够的气息来一口气说完一个句子。

练　习

站在镜子前，观察自己的整个躯干。头部挺直，下巴与地面水平，保持良好的开放式姿势。肩膀放松，向后伸展，不要耷拉下来或者弓肩。这样的动作有助于打开胸腔，让你的肺部扩张。双脚与胯部同宽，想象一根绳子从脚到头穿过你的身体拉着你。

然后深呼吸，用鼻子吸气，再用嘴呼气。注意发生了什么？你身体的哪一部分动了？

如果你的方法正确，那么你会看到腹部鼓起来，胸部和肩膀不会动。如果你的肩膀向上，胸部扩张，那就说明方法不对，可以再试一次。

这次，把手放在肚子上。当你吸气时，感受肚子就像气球一样膨胀起来，胸腔和肩膀保持静止。

集中精神，然后吸气。

呼气时，放松你的腹肌，轻松地让空气排出去。不需要太用力，没有必要把空气挤出来。注意肌肉不要过于紧张。再次关注你的呼吸，呼气的时候放松肌肉。

养成每天这样练习两次的习惯。

恰当的节奏和速度

我们每个人讲话的节奏各不相同，不同的人有不同的自然风格。有的人讲话快一些，有的人讲话慢一些。讲话太慢可能会让人觉得你的知识不够渊博或没有把握。在前面的几章中，我们已经讨论过紧张会让你的语速加快。而膈式呼吸可以帮助你控制语速，避免说话太快。而如果你能有目的地改变语速，对于在演讲中强调要点非常有效。举例而言，当你在阐释某个重要内容的时候，放慢语速能提示听众认真听；你如果想要给演讲注入热情和活力，则可以加快语速。前面提到的肖恩·阿克的 TED 演讲《改善工作的快乐之道》就是加快语速让演讲更有活力的例子。

变换语音语调，避免语气单一

在第 13 章，我们讨论过新闻播音员的案例，听众可以从他们的面部表情来判断新闻基调是严肃还是轻松。播音员还会用自己的声音来表达语气，通过改变音调和语调来强调某些词语。

音调是指声音频率的高低。你可以想想钢琴的琴键，一端是高音，另一端是低音。音色（又名音品）是指声音的品质和特点。有很多因素会影响我们的音色，包括生理机能、呼吸气息等。

据称，玛格丽特·撒切尔（Margaret Thatcher）曾接受发声训练，调整自己的音调，让声音听起来更低沉。不管她是否真的接受过此类训练，我们都可以从网上的视频片段清楚地看出她的声音确实有所改变。在政治生涯的早期，她的声音音调很高，而到了 20 世纪 80 年代初她的第二个首相任期时，我们可以听到她的声音变得深沉了许多。与她早期近乎尖锐的嗓音相比，后期深沉的嗓音使她在讲话时显得更加庄重。我们比较容易被深沉的声音所说服，因为我们往往会将深沉与权力联系在一起。

你需要用语调告诉听众你很有能力，甚至让听众认为你是个专家。

然而，只用一种既不太高也不太低的语调讲话是远远不够的。用同一种语调讲话会很单调，就像是反复敲击同一个琴键一样，一段时间之后，这就会变得非常无聊，甚至可能相当烦人。声音单调乏味是令听众兴趣索然的一大原因。人们能集中注意力的时间很短，因此你应该注意这个问题。你需要用不同的声音来表达不同的情绪，给听众带来不同的感觉——根据你演讲的不同内容，这些感觉可能是鼓舞、激励、同情或自信等。你可以注意你身边的人讲话的声音是什么样的。我们可以从观察他人或听别人讲话中学到很多。

练　习

试着一边看电视新闻，一边记录播音员语调和语气的变化。播音员在播报哪些新闻事件的时候音调较高，哪些时候音调较低？严肃的新闻通常是以深沉的语调播报的。在语气上也是一样，播报严肃新闻时，播音员的语气是中性的，不带感情色彩，甚至可以说语气很单一；切换到轻松一点的话题时，语气会变得更活泼和丰富。下次参加会议或聆听演讲时，你也可以尝试做这个练习。这有助于你在未来演讲时专注于打造自己的演讲风格。

几年前，我组织了一次晚间研讨会，邀请了 100 多位重要客户，研讨内容主要是行业最新动态，会后还为客户提供交流联络的机会。我另外还安排了两位演讲者就职业病这一他们研究的专业领域来进行演讲。这两位演讲者风格截然不同。第一个演讲者采用对话式的语气，演讲引人入胜。他的幻灯片非常简单，展示了一些照片，还讲述了患者的案例。全场听众都能听懂他分享的内容，大家很享受他的演讲，因为他的演讲非常有趣。在讲述故事的时候，他运用了丰富的语气，甚至还播放了患者讲话的音频。而另一位演讲者幻灯片太多，而且每一页看上去都很相似，他也没有讲述案例或故事。他的演讲内容都是事实性的、很难理解的内容。他的演讲进行到一半时，我环顾四周，看到的景象令我印象深刻：我左边的几位听众在座位上睡着了，眼镜快要从鼻梁上滑落下来；在我的右前方，有一个人睡着之后口水都流了出来。这位演讲者的问题既在于他讲的内容无聊，也在于他的声音相当乏味。他的语气单调，没有一丝变化，因此有些听众听到一半就睡着了。我认为，这着实浪费了一个好机会——这位专家在提供书面报告方面享有很高的声誉，但很明显，他本人的演讲水平并不高。

除非你亲耳听到自己的演讲，否则你永远不会知道在别人眼中你是如何演讲的，因此我强烈建议你在排练的时候录下自己的声音，这样你就可以做出必要的调整。你不需要采用戏剧性的声音，只要记住变换语气和语调就可以，这样能更好地吸引听众。你如果掌握了技巧，就可以通过声音的变化来强调某些内容，或者给听众一些提示。

练　习

用不同的音调朗读一本小说中的片段。尝试多种声音并且给自己录音，然后听一听，思考下次你演讲的时候怎样应用不同的声音，尤其是在介绍客户案例或分享故事的时候。

变换音量

我之前提到过，在众人面前大声说话对我而言是个挑战。你需要让听众听见你的声音。提高音量可以表现出你的自信——如果你说话声音太轻，听众可能会认为你说的话不是很重要。此外，如果听众需要花费很大力气才能听清你讲话，他们可能很快就不再继续听下去。不过，有时故意压低声音或提高声音也可以带来很好的效果。每当有人窃窃私语时，我们就会本能地想凑过去听清楚对方在说什么，以便了解一个秘密！你可以巧妙地把音量降低到柔和的耳语，以此来吸引听众。当然，并不是所有演讲都适合使用这一技巧，这一技巧最适用于讲故事的时候。对于这一点，本章末尾有关于朱利安·特雷热演讲的案例可供你参考。

电话沟通

本书主要关注的是在现场听众面前做演讲。我个人认为，任何场合的交流都是某种形式的演讲。打电话也是一种演讲。现在我们经常通过电子邮件交流，但也有很多事情是通过电话沟通的。电话交谈的特点是我们看不到对方，所以讲话的方式更加重要。前文中提到的种种声音变化的方法也一样适用于电话交流，甚至可以说有关声音的技巧对于电话沟通更加重要。在打电话时，你能够分辨电话另一端的人是自信满满还是犹豫不决，不是吗？

这是我在法律职业生涯早期非常注重的一点。为了节省开支，许多法庭听证会都采用电话会议的形式，法官及所有相关人士都会参与。我也参加过很多这样的电话听证会。电话听证会的好处在于没有人会看到我有多紧张，但是我必须非常注意自己的声音，因为声音会表露出紧张的情绪！我的行动计划是事先写好一份要点清单，方便自己在法官提出要求时参考这些要点。我最不想发生的事就是手忙脚乱地翻找文件。为电话听证会做准备、做功课和我现在准备演讲的方式非常相似。

无论你是和同事、客户还是供应商交谈，你都需要给人留下有说服力、知识渊博、值得信赖和平易近人的印象。正如前面所提到的，很多沟通都是通过电子邮件进行的，但电话沟通在职场上仍然很常见。你可能需要打电话推销一个想法或产品，或者为合同协商更好的条款，预定会议场地以及与供应商打交道等。你的讲话风格很重要，因为你说话的内容和方式能够影响到电话另一端的人。

最后，来看一个综合所有内容的良好范例

现在，你已经熟悉了很多 TED 演讲的例子，我讨论这些演讲是为了提供一些额外的资源，以便更好地说明本书中介绍的技巧和技术。我再次推荐朱利安·特雷热的演讲《如何让别人听你说话》。这个演讲观看次数超过 2 000 万，是最热门的 20 个 TED 演讲之一。我认为，这位演讲者的声音非常好，一直听他讲话也不会感到厌烦。当你观看这个演讲的时候，要从两个角度看。第一次，只要单纯去看就够了，听一听他如何使用自己的不同声音。他的声音中有一种深沉的共鸣，由此可传递出自信。他使用多种声音，有时用柔和的音调，然后又用更有力的声音和节奏与之形成鲜明对比。

然后再看一遍。这一次，注意演讲者如何表现出我们讲话声音的不同方面，例如音调和节奏。这些内容在本章中都曾提到过，包括演讲前的声音练习等准备工作。

我想要鼓励你将自己的嗓音当作演讲和交流时的强大工具。通过使用不同的声音，你可以突出重点、强调关键信息并让听众更感兴趣。

提　示

- 把每次排练都录下来，这样你就可以根据录音或录像进行一些必要的调整，让演讲更加丰富多变，并且突出重点。
- 随时随地练习深呼吸，比如说在排队的时候。你越多地进行膈式呼吸运动，就越容易在面对压力的时候控制自己的呼吸。

第 16 章

应对突发情况

即使你进行了充分的准备和排练，演讲现场还是有可能发生意想不到的情况。虽然很多事情可能不是你能控制的，但你仍然可以采取一些预防措施，尽可能确保演讲取得成功。

注意：永远不要在演讲时尝试从没做过的事情，例如在最后关头增添内容或临时改变内容的顺序。一定要用你准备好、排练过的内容演讲，否则就相当于自找麻烦。

让我们一起看看演讲者能做些什么来减少意外事件的发生，以及应该如何处理突发情况吧。

查看场地环境

我若要到从没去过的地方演讲，一般都会事先到实地踩点。这让我有机会想象演讲的现场，并且考虑场地存在的一些限制，比如大屏幕的位置或灯光问题等。当然，并不是所有场合都可以提前去踩点，有时我可以通过其他方式来查看场地环境。例如，我可能会让主办方拍摄照片发给我，而举办大型活动的酒店和会议场馆一般能在网站上找到照片或360度全景视图。如果这些方法行不通的话，我会争取在听众到场之前提早到达会场，这样一来我就可以站在台上感受一下会场的环境。

在职业生涯的早期，你最有可能在会议室里演讲。在这种情况下，你完全有机会提前踩点。然而，如果你要去参加面试或接受考评，就没有机会这样做了。即便如此，你也应该在演讲当天早点到场。事实上，即使你有机会提前踩点，演讲当天也需要提前到场，这样你就可以确认房间布局和演讲顺序，了解技术设备或音响设备是否运行良好，看看是谁负责解决技术问题，让他们协助你来保证幻灯片可以正常放映。

你需要确认屏幕和电脑键盘的位置，并记住投影仪在什么位置，这样就能避免演讲时站在投影的光束中，以免大屏幕上因为你的遮挡而留下阴影。

如果投影有遥控笔的话，你需要事先测试一下，了解按哪个按钮能让幻灯片按照你希望的顺序播放。这虽然听起来简单，但并不是所有的遥控笔按钮设置都一样——最不应该发生的事情就是不小心按错按钮，展示错误的幻灯片，这会让你在演讲时手忙脚乱。因为遥控笔体积很小，便于携带，所以我在演讲时经常自己准备一支遥控笔，更何况有时候演讲场地并不提供遥控笔，只有一台电脑放在讲台上。如果你手中有遥控笔，那么你至少可以选择是否从讲台后面走出来，去接近听众或四处走动。

如果可以的话，你不妨打开笔记本电脑或台式电脑，点击前几张幻灯片，看看能否正常放映。如果你在幻灯片中嵌入了视频或音频链接，那么你务必点击这些链接，检查音视频能否正常播放，以及音量大小是否合适。说到声音，你还需要确认现场的音响能否正常工作。笔记本电脑上内置的扬声器音量不够大，无法让所有听众听清，除非听众人数很少。几年前，我要在某大型演讲厅向一个约

100 人的部门做演讲。我像往常一样提前到场，以便放好笔记本电脑，检查是否一切正常。不知为何，现场音响无法正常工作，技术人员也无法解决这一问题。最后，我只能把笔记本电脑放在讲台上的麦克风附近，这个麦克风平时是给演讲者用的，但我只能用它来播放电脑的声音。由此可以看出，即使有专门的技术支持，演讲也不一定能按计划进行。因此，以防万一，我现在总是携带自己的迷你音响！

你如果打算在网上播放一段无法下载的视频，那么一定要确保现场有高速的网络——到现场检查一下。但我还是不建议直接播放网上的视频。同样，你可能希望在演讲时能上网演示一些网站或内容。即使是在今天，仍然有很多场地没有网络连接，而且在同一栋楼里的不同位置信号强度也不一样。同样，这不是你能控制的事情，但你至少要做好不能播放视频的准备。在本书中，我举了许多 TED 演讲者展示不同风格和技巧的例子；我在自己的研讨会和演讲上也会使用这些技巧。有时候，虽然我提前和主办方确认过会场提供无线网络连接，但是到场后我发现网络信号并不好，这意味着我无法播放视频。在这种情况下，我会口头描述视频内容，然后给听众提供网址，让他们等演讲结束后自行观看，有时我会打开自己的手机热点，用热点为电脑连接网络。为了保证演讲能够顺利进行，我建议不要直接在幻灯片里放视频链接，最好单独准备一个浏览器页面用来播放视频。这样一来，就算不能播放视频，幻灯片也能流畅衔接。如果现场的网络可以播放视频，那么你可以先退出幻灯片，切换到浏览器再播放。听众不会介意你这样做。

如果你正在准备面试或考评的演讲，那么一定要尽量简单明了，不要使用任何多媒体资源。这样可以降低出错的可能性，而且这些场合一般也不会考验你设计幻灯片的技巧。潜在雇主需要考察的是你能否有效传递信息、吸引听众。

确认幻灯片和讲义没有问题

无论在哪里演讲，如果你想展示幻灯片的话，尽可能使用自己的笔记本电脑。然而，有时候没有办法这样做，你可能需要提前把幻灯片发给主办方，主办方会负责准备现场的一切，你只需要在轮到你的时候起身发言。

我曾与一些政府机构合作，为了防止病毒入侵，它们使用的防火墙会屏蔽电子邮件的附件。这完全可以理解，但如果你要发送幻灯片的话就比较棘手。较大的附件也会产生问题（比如我使用的幻灯片有很多图片，因此整个文件就很大），这种情况在我身上发生过几次。有时，你可以把文件上传到云盘或保存在存储设备上，演讲当天带到现场，但设备有可能无法使用；或者出于网络安全方面的考虑，一些组织不允许你在它们的系统上使用存储设备。

最好的方法是提前询问主办方应该用哪种方式传输文件——千万不要认为“顺其自然，一切都会好的”。相信我，我见过很多演讲者在现场遇到尴尬的突发情况。如果招聘方或考评方要求你提前准备幻灯片，那么你应该询问是提前将幻灯片发送给他们，还是当天自己携带存储设备。

最后一个预防性的准备措施是，将幻灯片通过电子邮件发送给自己。这样，即使当天存储设备不能使用，你也可以将电子邮件转发给别人，下载后用来演讲。

在第 9 章，我介绍了一些确保幻灯片能正常播放的方法。让我们来复习一下：不同电脑上的幻灯片版本可能不同，这也许会影响你的幻灯片内容显示，所以你应该使用“组合”功能将每张幻灯片上的图片和文本固定位置，这样在放映时就不会错位。幻灯片应该简单一点，可移动的部件少一点，这样出错的概率更小。

你如果要使用打印的讲义，那么要确保打印足够的数量。如果有专人负责打印，那么你要为其留出充足的时间。同样，有时设备会由于各种各样的原因出故障，打印出来的讲义可能有内容缺失。因此，我会随身携带完整的讲义副本，如果最后关头需要的话，可以拿去复印。

除了要备份幻灯片，你还要考虑到其他所有演讲时会用到的配件，比如电源线、电池、白板笔和足够的白纸（如果你要使用活动挂图的话）。

演讲中遇到技术问题

就算万事俱备，一切顺利，演讲过程中有时也会发生技术问题。也许是晚到的听众不小心碰掉了一根电线，也许是不慎退出了幻灯片放映模式——就像前面我所提到的一位专家一样。如果你的视觉道具出了任何问题，那么你应该暂停一下，冷静思考接下来要怎样做。一般来说，这很容易，我们在几秒钟的时间里就能看出是什么出现了问题。你可以告诉听众哪里出了故障，请听众容你查明情况，或者请他们与身边的人用接下来的几分钟讨论某个问题或想法。与此同时，你可以尝试解决问题，或者找人来帮忙。

如果这些努力都不起作用，幻灯片没办法继续放映，你就需要用打印出来的幻灯片或者事先准备的思维导图来演讲了。你要做好没有幻灯片演讲的准备。要记住，最重要的是保持冷静，让听众认为你可以从容应对任何意外情况。

演讲中遇到干扰

在你演讲的时候，如果有茶点送进来，那么听众席中可能会发出杯盘碰撞的声音，这是一种常见的干扰。在职业研讨会上，如果有社交环节或茶歇的话，这种情况就会经常发生。听众迟到、电话响及关门声音很大等情况也很常见。

如何处理这些问题很重要。你做何反应，听众就会做何反应；你的注意力放在哪里，听众的注意力就放在哪里。如果你毫不在意，继续演讲，这些干扰就没什么大不了。然而，如果你受到影响，演讲被打断，听众就会东张西望，看是哪里发出的声音，他们会因此走神。正因如此，排练才至关重要；如果你准备得非常充分，那么任何干扰都不会打断你的演讲。我认为排练可以被看作是一种抗压的手段——当你在大声排练做准备的时候，可以增强自己的肌肉记忆，对内容更加熟悉，就算被打扰，也能随时找回思绪。

如果发生有可能会打扰到你的事情，那么你可以停顿一下，然后再继续。你需要的话，可以飞快地看一眼提词卡或思维导图，听众不会注意到你这个动作。如果干扰事件已经很明显，那么你选择无视可能不妥，可以制止一下——你应该表现出负责的态度，而不是对环境毫不在意，解决问题之后你就可以继续演讲。

演讲时长有变

对于既定的演讲时长，你已经能通过排练完全掌控，然而很多事情到最后一刻会发生变化。例如，参加会议时，你可能会被临时告知你的演讲时间需要缩短或延长，可能是因为其他人没能遵守演讲时长规定。通常，需要缩短的情况比较常见。

在参加面试或接受考评时，你可能也会得到临时改变的要求，这是为了考查你随机应变的能力——这和日常工作的场景相近，我经常从雇主那里得到的一个要求就是训练员工学会随机应变。事情难免一时一变，雇主需要寻找能自信处理这种状况的员工。

在前面的章节中，我们讨论了如何通过排练来熟悉演讲各部分内容的时长。如果把精心整理过的故事收集起来，你就能明确知道每个故事需要多长时间来讲述。如果你临时被告知要缩短演讲时长，你事先所做的这些工作就会发挥效力——帮助你在心里默算该删掉那些不重要的部分，同时保证你的信息能得到良好的传递。如果我得知要缩短演讲，而且只有会前短短几分钟时间来调整的话，那么我会拿出思维导图（上面已经标出了演讲的每个部分），然后将某几个部分划掉。我会把这张修改过的思维导图放在桌边，这样可以随时看到，从而按照新的规划来演讲。

应对盘问和批评

我不希望你认为听众席里有人想要存心破坏你的演讲，但有备无患总是好的。当你站在台上演讲的时候，要记住舞台是属于你的。

在你演讲的这一小段时间里，舞台由你掌控。你若是带着这个想法走上台去，就能自信地处理任何可能打断你思路的负面评论。为了让听众心中有数，不妨在演讲开始时告诉听众你准备如何回答问题。我们会在后面的章节讨论现场回答问题，但在这里，你需要知道，如果在中途被听众提问的话，那么你可以选择自己认为合适的时间作答。告诉听众，如果他们在演讲过程中有任何意见或问题，可以在演讲结束后提出，届时你会统一回答。这样听众就不太会打断你了。你足够自信的话，可以在演讲过程中处理问题并且很快回归正轨，那么你可以告诉听众，欢迎随时提问。

在参加面试或接受考评时，你很有可能会被提问打断。面试官要测试的是你应对压力的能力。你能以专业且充满自信的方式处理这些问题吗？在职业环境中，你可以当场回答问题，也可以稍后再作答，这些都不是重点，重点在于应对提问的方式。你需要保持冷静，凭借准备工作让自己稳定发挥。

如果有听众说已经听过你讲的内容或强烈反对你的观点，那么你应该怎么办呢？处理这种情况需要经验和实践的积累。关键在于表示尊重、认真倾听，想办法将这样的评价当成一种反馈。对于反馈，你需要进行考虑和反思后再筛选，而不是不假思索全盘接受！不要被这样的情况打断思路，但你应该考虑这些观点，因为它们可能让你从全新的角度看待问题。要想做好准备，应对这些评论，最好的方法是事先进行头脑风暴，设身处地从听众的视角来看待问题。在为演讲做研究的阶段，收集想法并制作思维导图时，你不要忘记加入“反对意见”这个部分。围绕你的主题及相关领域，考虑所有可能出现的反对意见，然后拟出一些你可以回应的方式。

在举办关于领导力的研讨会时，我有时候会遇到这种情况——听众不同意我所分享的某个理念。他们可能会说这个理念并不适用于他们的部门；或者他们之前尝试过，但没有成功；又或者他们相信其他理念更好。在这种情况下，我会表示已经知晓了他们的观点，认同可以用不同的方式来看待问题。我不会说他们错了，也不会在自己不认同他们的时候假装认同，但我会努力以尊重他们的方式接纳其观点，然后继续讲述自己的内容。

最好不要在全场听众面前进行激烈的争论，而且你需要保持正常的演讲节奏。对于事先无法预料的提问，你可以有礼貌地进行回应，比如说像下面这样。

- “这是一个有趣的观点，我没有这样想过……”
- “谢谢你的观点……我同意……”
- “我们可以在演讲的最后再讨论这个问题吗……”

你可以花点时间想想各种类似的表达，选出适合你的几种，在现场为自己解围。

练　习

训练抗压能力最好的方法是挑战自己，不断练习。准备一个 10 到 15 分钟的演讲，可以使用幻灯片，也可以不使用，邀请几位同事或朋友来当听众。请他们在你演讲时用刁钻的问题打断你，看你如何处理。然后让他们对你处理问题的表现给出反馈，你也要反思自己的表现，这对你很有益处。你越是挑战自己，在重大场合的抗压能力就越强。

前面的章节已经讨论过准备和排练的价值。在这里，我的建议是，你要记住成功在于事先规划！

提　示

- 提前查看会场，如果可以的话，尽量多了解场地情况。
- 检查音响等音视频设备，如果需要上网的话，你也要检查网络。
- 记得把幻灯片保存在移动存储设备上作为备份。
- 准备好最终版本的思维导图或提词卡片。万一幻灯片不能使用，或者你突然忘词，它们可以派上用场。
- 带上备用电池、电源线和水笔。
- 提前进行头脑风暴，围绕你的演讲主题，列出所有可能出现的反对意见，然后拟出一些面对压力时可以应对的方式。

第 17 章

为听众量身打造演讲

要想让演讲取得预期的效果，你就要明确自己的需求（比如说传递自己的信息）和听众的需求有哪些重合之处，也就是说你能给听众带来怎样的影响和价值。为了做到这一点，你需要站在听众的立场理解问题，从他们的角度出发，并且通过恰当的沟通方式让他们做出反馈。换句话说，你应该和听众处在同一个频道，关注他们感兴趣的方面，这样听众才能从你的演讲联系到自身，从而在你们之间建立更紧密的纽带。

如果你能和听众建立纽带，你的演讲就会更有说服力，更加有趣，更容易让人记住。在你的职业生涯中，这会给你带来竞争优势。

如果听众是你共事过一段时间的同事或客户，那么你自然能掌握不少有关听众的信息。当然，并不是每一场演讲的听众都是你认识的人，有时你可能并不了解他们。求职面试就是这样，在职场上的很多演讲也是如此，比如为潜在客户做演讲等。

如何才能和听众在第一次见面时就建立联系的纽带呢？

在本章中，我想分享一些神经语言程序学（NLP）方面的经验，希望能帮助你理解如何与听众建立更紧密的联系纽带。神经语言程序学本质上是指一系列技术，可以用于更好地理解我们自己和其他人的思维过程及行为。这方面的书籍和资源比比皆是，如果你感兴趣的话可以深入了解。下面是我认为非常有用的一些书目。

- 《NLP 的运作》(*NLP at Work*)，苏·奈特（Sue Knight）著。
- 《傻瓜入门 NLP》(*NLP for Dummies*)，罗米莉·雷迪（Romilly Ready)、凯特·伯顿（Kate Burton）著。
- 《NLP 简述》(*Introducing NLP*)，约瑟夫·奥康纳（Joseph O'Connor)、约翰·西摩（John Seymour）著。

不过，我不打算过多涉及具体术语或技术，本书只想提供一些简单的想法，帮助读者运用感官意识去了解和分析各种或整体或局部的信息，以便更好地与听众建立联系的纽带。

回顾：你的听众是谁

在继续讨论之前，让我们来回顾一下本书前面提到的一些观点，关于如何研究你的听众。在确定演讲内容之前，你需要了解你的听众是谁，以及他们对什么感兴趣。

谁会出现在听众席

在你开始准备演讲内容之前，想想听众为什么来听你的演讲，他们希望从演讲中得到什么。思考一下，如何让你的演讲与听众更加密切相关，这样听众才会买账。你可以问自己下面这些问题。

- 谁会来听演讲？他们的角色、资历和知识水平如何？
- 听众人数有多少？

- 听众对你的演讲有什么期待?
- 听众希望你使用技术名词或行业术语吗?
- 他们可能会问什么问题?
- 他们想从你的演讲中获得什么?

我们可以说准备所有类型的演讲都要考虑这些方面。在第 3 章中，我们讨论了考验演讲技巧的众多场景，从参加团队会议到作为行业专家在会议上发言等。不过，对于参加面试和接受考评时的演讲，还有一些其他方面需要考虑，在第 2 章中我们曾经讨论过一些。无论对于哪种演讲，你都需要思考一遍上面的问题，了解听众的类型，然而，面试官不仅要求你能与人建立联系的纽带并提供价值，还需要明确看到你身上有特定的技能。

你需要自信地做到以下几点。

- 组织符合逻辑的内容。
- 通过前期研究，对公司和角色有足够的了解。
- 选择合适的演讲内容，满足听众的期望或符合特定要求。
- 遵守演讲时长安排。
- 灵活处理演讲中遇到的干扰，回答问题。
- 通过目光交流和非语言交流与听众互动。

了解听众的需求之后，你就可以提炼出演讲的目标了。

研究让听众感兴趣的材料

在任何演讲中，最重要的考虑因素是你的听众。因此，在确定演讲内容之前，借助上一节中的问题分析听众的期望是非常有益的。在第 4 章，针对如何收集材料和寻找有趣的演讲内容，我提出了一些建议。在考虑为听众量身打造演讲内容时，你需要思考对他们来说哪些方面比较重要，然后再收集信息并在此基础上组织演讲内容。

举例而言，如果行业有重大进展，那么你可以通过新闻网站或社交媒体平台阅读哪些文章？在面试演讲之前，你能收集到哪些关于公司的信息并且在演讲中体现出来，以表明你花时间做了功课？

同样的方法也适用于寻找有趣的故事或案例——哪个故事最能引起听众共鸣？下一次准备演讲时，你不妨回顾一下第 4 章，复习筛选材料的方法，然后选择与听众息息相关的例子、数据或故事。

处理信息的不同感官方式

几年前，我曾经为高中生提供一对一的领导力和个人发展培训课程。在一次辅导课上，我注意到有个学生的文件夹封面上写着一个大大的字母“V”。我问学生这是什么意思，她说这是为了告诉授课老师她喜欢用哪种方式获取信息——“V”代表她在学习时偏爱使用视觉（visual）。至于其他的学生，有的给出了字母“A”，代表听觉（auditory）；有的则给出了字母“K”，代表感觉（kinaesthetic）。VAK 学习方法指的就是这三种不同的信息处理方式。

VAK 学习法在教师和学生中很流行。从理论上讲，大多数人都喜欢通过这三种方法之一来了解或接收信息。许多神经语言程序学方面的技巧关注更好的交流方式，实际上都引用了 VAK 学习方法的概念。在日常生活中，我们自然会用到所有的感官，但在过滤现实中的信息时，我们主要倾向于使用这三种方式中的一种。本章前面推荐的书籍都有针对这个概念的详细讨论，约瑟夫·奥康纳和约翰·西摩合著的《NLP 简述》对此解释得尤为精妙。了解我们如何认识和理解世界之后，我们就能更好地理解如何与他人建立联系的纽带。当然，其他人的思考方式会与你不同。

在前面的例子里，我们可以看出校园里的人对这三种学习方法更为了解，但在职场上这方面应用得并不多，而职场上的我们却一直在处理信息。学习方法有很多，VAK 只是其中一种，但这是我最喜欢的方法，因为它简单易懂，容易上手。而我们每个人与世界交流的方式都是独一无二的。下面是 VAK 学习方法的概览。

视觉，即所见

视觉学习者喜欢信息以图像的形式呈现。图形、图表或图片适合这一类学习者。这一类学习者在学习事物时，愿意遵循书面指示或先看别人完成这个过程。相比于语言描述，他们更喜欢亲眼看到。

听觉，即所闻

听觉学习者喜欢信息以声音的形式呈现。他们偏爱口头演讲和讨论——讲故事很适合这类学习者。和视觉学习者不同，听觉学习者喜欢当面或通过电话听取口头说明，这让他们记得更牢。让这类听众相互讨论或小组讨论是增强他们参与互动的好办法。他们喜欢用耳朵去听，而不是用眼睛去看。

感觉，即体验

感觉学习者注重情感互动和亲身体验，比如参加活动或使用道具等。他们喜欢用试错的方法来解决问题，也许事先连说明都不看！对于这类听众，你需要设计小组活动或主动探索环节等，让他们能将真实的样品或原型拿在手中。他们喜欢自己动手，不喜欢听到或看到的信息。

清楚这些概念对于你确定演讲内容大有帮助，这能让你以听众喜欢接受的方式进行演讲。当然，对于形形色色的听众，你不可能为每个人量身定制一份内容——听众不可能在文件夹封面写上一个字母，除非你很了解听众，否则不可能得到这类信息。你能做的是用多种方式呈现材料内容，涵盖各种感官方式。任何一群典型的听众中都有偏爱不同学习方法的人——有的人更喜欢视觉信息，有的人没有互动就无法长时间集中精神。你在设计演讲的时候，要记得加入各种感官元素，例如有冲击力的图片、引人入胜的故事或现场互动等。在第 20 章我将更加详细地讨论现场互动。

从正式演讲到委派团队任务等，理解不同人的感官偏好对于各种交流场合都有益处。还有一点很重要，不要忘记虽然我们都有偏爱的感官学习方法，但在不同场合，我们也会搭配不同的学习方法。

举例而言，我是一个听觉学习者。我喜欢坐在研讨会上聆听思想领袖发言。坐火车的时候，我会听播客而不是读书，因为声音是我最喜欢的信息获取媒介。但在找路的时候，我会调动各种感官。首先，我会打开谷歌地图，用眼睛去看，甚至会打开街景模式寻找地标建筑和商店橱窗。其次，我会把地图和路线指引打印出来，这样就能实实在在地拿在手上。最后，到了路上，我还会询问路人，确定自己走的方向是对的！调动视觉、听觉和感觉能给我带来了更加丰富的体验。如果只听别人的口头指引却不看地图，那么我无法自信地认为自己能找到正确的地址——对我来说是这样的。我在开车时也是如此。虽然车载卫星导航系统给出的操作指令声音清晰，也恰到好处，但我还是需要看仪表板显示屏上的路线，这样才能对路线更有自信。我最喜欢用听觉方式获取信息，但在寻找方向的时候，我还需要动用视觉。有时，我也会来回走走，确定自己的位置，这是试错的方式。

练　习

你喜欢哪种感官学习方法？当你开始关注自己如何与周围的世界互动时，你会发现自己并不会一直只用一种方式，但可能会有所偏好。想想你在下面这些场景中是怎么做的。

- 你如何应对挑战，是头脑风暴、列出规划，还是与人交流、征求意见，或者是不断试错、尝试解决？
- 如果你接到任务，你一般是看示范、看图表或看书面说明，还是仅仅听口头说明就能够掌握需要了解的内容？
- 你在听演讲或开会的时候呢，你需要幻灯片和讲义等视觉道具，还是只要聆听就可以？

- 回想一下上次你和朋友聚餐的场景——你记得最清楚的是什么，是声音、氛围还是画面？

回答完上面的问题之后，你是否能看出自己偏好的感官方式？

要想知道自己究竟适合 VAK 中的哪种感官学习方法，不妨做个小测试。在网上有很多这样的测试，你只要搜索一下“VAK 学习类型测试”，回答一系列问题后就能了解自己处理信息的偏好了。

用感官语言吸引听众

除了演讲内容，你还可以仔细考虑描述事物的方式，运用多感官的语言。你可以通过一个人日常交流所使用的语言来判断其偏好的感官方式。

不同的人会使用不同类型的感官语言。下面是几组例子。

视觉学习者

视觉学习者喜欢用的词包括看到、看见、想象。

他们常用的句子有：

- 看清楚我是什么意思了吗？
- 你们能看明白吗？

- 看上去……

听觉学习者

听觉学习者喜欢用的词包括听到、听见、声音、共鸣。

他们常用的句子有：

- 这听起来没错吧?
- 听到这里你会有所共鸣……
- 我们一听就很清楚……

感觉，即体验

感觉学习者常用的词包括感觉、感到、觉得。

他们常用的句子有：

- 你觉得这样对吗?
- 愿意试试吗?
- 帮助你掌握……

为了吸引各种类型的听众，你需要在演讲时选择不同的感官词语和句子。在你和管理层或其他团队成员交流时，这也能帮助你建立更好的职场关系——你可以用同事习惯的方式讲话!

另一种调整词句的方法是加入听众熟悉的流行语或行业术语。在准备演讲时，你可以查找能引起听众共鸣的词语和句子，考虑选取几个加入演讲内容中。要掌握适度的原则——不要用术语和缩略词狂轰滥炸，因为最好的演讲风格是用平实简单的日常语言，保持对话的语气。用太多的流行语会降低信息的清晰度，而且听上去不像是自己创作的内容。

练　习

观看我在本书中列举的 TED 演讲，仔细听听演讲者使用的是哪种感官语言。在自己面前放一张统计表，上面分成视觉、听觉和感觉三栏，每当演讲者用到一种感官的词语或句子时，你就在对应的一栏做个标记。最后你会发现有一栏的标记数值最高，这意味着演讲者最喜欢用这种感官方式沟通。

这样多做几次之后，你的聆听技巧就会有所提高，并且能学会很容易地明白他人的感官语言类型，这样你就能用同样的方式回应了。

根据听众需求调整信息量

就像每个人偏好的感官方法有差别一样，不同的人能够接受的细节信息量也不同。在获取说明或开展项目时，有些人需要在具体了解细节之前希望你对项目整体加以概述，否则他们很难理解整个项目的来龙去脉；而另一些人恰恰相反，他们希望先看到细节，这样他们才能清楚状况。

控制信息量也是神经语言程序学中的一个概念。信息量指的是人们理解一个概念或任务需要使用的信息的多少。你可以想象一张数据表格，一边是具体细节，一边是标题和概述。

在双方进行协商时，掌握信息量很有必要。纠缠于细枝末节会让协商陷入停滞，双方无法达成一致。只有关注大局，不再拘泥于细节，协商才能朝着达成共识的方向发展。人们在过分关注细节时，很难做出决定。唯有放眼大局，双方才能找到共同之处。在日常的工作交流中，如果两个人的处事方式不同，那么他们就很难建立融洽的关系，彼此之间可能会有误解和失望。不确定的时候，你可以询问对方更喜欢用哪种方式行事，是注重大局还是细节，偏好抽象概念还是具体规划。

这一切和演讲又有怎样的关系呢？在演讲时，如果你给听众的信息过多，听众就会逐渐丧失兴趣。又或者听众需要了解具体步骤的细节，而你只给他们介绍了整体背景，不足以让他们理解全部概念。在理想的情况下，你应该根据听众的需要灵活处理，既要纵观全局，又要涉及细节。在开始讨论细节之前，你要先对主题进行概述，否则，听众可能会面对铺天盖地的细节失去耐心，因为他们无法在具体场景中体会这些细节。这和第 5 章所讨论过的“你应该给听众带来什么价值”有关系，我建议演讲采用从整体到局部的结构。

这些概念并不是要分门别类地把人区分成几种，只是要你了解听众的喜好，清楚应该如何沟通，选择恰当的交流方式。

以上关于快速建立纽带的建议不仅适用于演讲，还适用于与他人互动的所有场合，对于在工作中说服他人以及与人交往都非常有用。

提 示

- 花点时间分析一下你的听众是谁，即使你以前从未见过他们，也可以有根据地猜测他们为什么会来听你演讲。
- 确定演讲大纲之后，将大纲回顾一遍，使用 VAK 感官法或调整信息量的方法，让演讲内容更贴近听众。
- 挑战自己，无论是在工作中还是生活中，每周都要练习一次，从而寻找他人讲话时的 VAK 语言模式。这样一来，你就能慢慢学会发现人们讲话时的感官偏好。

第 18 章

用出色的演讲赢得面试官青睐

本书涵盖了不同场景下的各种演讲技巧，从介绍演讲技能对职业生涯的重要性到提高听众参与度等。但在本章，我们要来关注一种不太一样的演讲——我将本章专门设计成独立的快速参考指南，讲的是求职面试过程中的演讲，介绍一些你需要为这种演讲所做的准备工作。在阅读本章的过程中，你可以随时查阅前面关于特定主题的章节，了解更多的背景知识。让我们一起来看看下面这些关键点，让你为所有重要的面试演讲做好准备。

弄清演讲要求和面试官的期待

当你收到关于面试的详细信息时，招聘方也会告诉你一些关于演讲的要求。你一般会得知演讲的主题和时长。演讲主题往往与你应聘的职位有关，很有可能让你模拟真实工作场景。还有一种情况，有时你事先完全不知道演讲主题是什么，只有在面试的时候才能得知话题，留给你的准备时间很短，相当于即兴演讲。我会在后文讨论这种情况。

你能得到的信息越多越好，这样你才能对演讲进行合理规划。你如果觉得相关要求不够详细，别不好意思联系未来的雇主，要请他们讲清楚一些。最坏的情况不过是得不到回复而已，但是通过这种确认你可以最大程度地降低不确定性和偏离主题的风险。况且这也能证明你做事周密，注重细节。如果第一次询问没有得到回复，那么你可以继续跟进，再提醒一下——对方可能很忙，漏掉一些消息，或者第一次的邮件可能被过滤成了垃圾邮件。如果出于各种原因你仍未得到回复，你就不得不在没有进一步解释的情况下准备演讲，但你可以根据已有的信息适度猜测。下面是一些你可能需要考虑的问题。

- 需要用幻灯片吗？
- 用存储设备保存幻灯片，还是用电子邮件发送幻灯片？
- 现场是否有遥控笔、活动挂图或其他设备？
- 面试官是谁，有多少人，他们是什么角色？
- 你是否需要为特定类型的听众准备演讲内容？

最后一个问题的意思是，有的面试官可能希望你在演讲时将听众当成客户等角色。如果是这样的话，你就需要考虑到这一点并针对专门的听众调整演讲内容。

调查听众和演讲话题

正如我们在前几章中所讨论的，要想在任何场合的演讲中取得成功，你都需要确定听众真正想听的内容是什么。而要想知道这一点，你就需要事先做调查。对于参加面试或接受考评时的演讲，你所做的调查应该非常具体。如果你能得知面试官的名字，那么你可以通过公司网站或领英了解他们。尽可能多地了解他们——他们的角色和职责是什么？你能否得到有关他们专业背景的信息并了解他们的兴趣？如果你认识在这家公司工作的人，可以询问他们知道些什么。在这个阶段进行调查有利于让你在演讲时更好地吸引面试官。记住，你需要给演讲主题注入生命，为听众量身打造内容，否则该主题就毫无意义。

同样，尽可能多地搜寻与演讲话题有关的信息。从公司网站着手是个不错的选择，你可以看看上面是否有相关的文章或博客，是否分享过社交媒体上的信息；还可以在网络上查看竞争对手或其他相关公司的信息，或者参考书籍和播客；等等。了解行业和公司自身发展的重要趋势和领域。在做调查时，你应该记好笔记，方便在组织演讲内容时轻松查看，让你的演讲涵盖重点。这些笔记也可以作为快速参考指南，帮助你应对现场提问。手边有这类信息可以让你的演讲更加令人信服，并且体现出你进行过充分的准备。

练　习

拿出一个小时的时间，中间不要分散注意力。在自己所从事的行业中选择三家公司，如果合适的话，那么你可以把你目前供职的公司也包含进来。分析这三家公司的网站和社交媒体上的所有内容，记录它们如何开展业务，面临怎样的压力，有什么创新或增长机会等。一个小时之后，你可能会惊讶地发现自己能够通过背景调查收集到如此之多的信息。显然，如果条件允许的话，你可以花更多的时间来做这件事。通过对比几家公司，你可以发现行业趋势和常见问题，以及几家公司之间的区别。如果能把这些信息加入演讲中，你的演讲内容就与面试官关心的内容有了更加密切的联系。

因面试需要而组织你的演讲材料

你的演讲时长可能总共是 10 分钟。你手上难免会有太多的原始材料，无法在规定时间内全部讲完。在调查研究过程中收集完原始材料之后，你就可以围绕着精心选择的要点组织演讲内容了。你应保持演讲的结构简单明了，最好总共有三个左右的要点，因为我们一次往往只能有记住三到五个信息点。第 5 章对此有更详细的讨论。你的演讲应该更关注质量而非数量——我们总是想把自己掌握的所有与演讲主题有关的知识都灌输给听众，但实际上听众并不喜欢这样的演讲。想想你演讲的目的是什么——你希望听众在你演讲结束时做什么或想什么？要舍得删减材料，只留下有用的材料，能用逻辑将演讲从头到尾串联起来就可以。

你应该对面试官感兴趣的领域有一些深入的了解，这有助于帮你确定在演讲时选择阐述哪些要点。思考哪些故事、案例或逸事符合公司文化及面试官的兴趣，将这些内容添加到演讲当中，让演讲内容引人入胜、余音绕梁。更重要的是，这能让听众牢牢地记住你。

设计有冲击力的开场白和结束语

人们最容易记住的就是演讲的开头和结尾，因为开头能吸引听众的注意力，而结尾是听众听到的最后一部分内容。你可以把开头和结尾想象成两个书立，有了它们，你就可以把一摞书整整齐齐地排列起来。

关于规划演讲内容，我一直建议先设计结尾。如果你能清楚地知道自己想让听众在演讲结束后做什么或想什么，就更容易构思演讲内容的其余的部分。结尾要强而有力——呼吁行动或总结要点。

你还需要想办法快速吊起面试官的胃口，这样他们就会期待你接下来的演讲。在你演讲的当天，面试官很有可能已经听过了许多个应聘者就同一主题进行演讲，那么你如何才能从众人当中脱颖而出呢？你不仅要让面试官记住你传递的信息，还要给他们留下良好的印象，证明自己适合应聘的公司。很多人采取的典型策略是首先简要概述一下自己要讲的内容——演讲是有关什么的。这样做无可厚非，可以奠定演讲的基调，但在这里我想要鼓励你发挥想象力，想办法让场下的听众更加想听你的演讲。你能找到某个惊人的事实或例子来做开场白吗？无论你如何选择，都要记住在演讲的开始就告诉听众他们能从演讲中获得什么价值。

利用视觉道具，为演讲增添活力

一提到职场演讲的视觉道具，我们就自动联想到幻灯片。但并不是所有的演讲都需要用到幻灯片。也许面试官确实会事先要求你准备幻灯片，但如果不需要幻灯片的话，那么你可以考虑使用其他道具。有时，如果你不使用幻灯片，那么面试官反而会感到耳目一新，非常惊讶。你能用其他道具或讲义代替幻灯片吗？你在选择道具时，应该考虑这种道具是否有利于你传递信息，是否有助于听众理解。视觉元素有利于理解概念，但你也不要单纯为了展示幻灯片而使用幻灯片。记住，在为幻灯片设计内容时，你要要问自己：这些内容能讲清楚要点，使其更容易理解吗？

如果幻灯片是你使用的主要视觉辅助工具，那么你要记住，它只是道具而已，你才是演讲的灵魂！你的幻灯片应该简单精彩。不要在幻灯片上堆砌过多的文字，取而代之的应该是清晰易懂的图片或图表。图表或流程图有助于更清晰地说明数字或趋势，比将数据一行一行地列出来要清楚得多。绝对不要把文字全都放到幻灯片上，然后一字不差地照着念。幻灯片只是为了吸引听众的目光，供其参考，让听众拥有更好的体验；你——而不是幻灯片——才是演讲的中心。

选择图片的时候，你要选择高质量的图片，在大屏幕上显示时不能扭曲变形。幻灯片上的文字不能堆在一起，挤成一团。幻灯片要使用要点短句，你再围绕这些要点展开讨论，不要让听众读幻灯片上的字。选择从远处能看清楚的字体和颜色。你无法确保演讲场地的光线效果，如果从窗户透进来的阳光过于强烈，那么听众可能会看不清楚幻灯片上的字。为了避免这种情况发生，你应该使用白色或浅色背景并在上面放深色文字。

你也可以考虑使用讲义。讲义非常适合展示详细的信息或图表。你要准备足够的复印件，确保评审团每位成员都能拿到一份。

无法提前得知演讲主题时应该怎么做

前面我们所讨论的前提一直是事先知道演讲的主题。然而有时，只有在面试当天才能知道演讲的题目，你的准备时间很短。这是为了测试你的抗压能力和随机应变的能力。对此，你仍然可以有所准备。上面介绍的所有调查听众的建议依然适用，寻找与演讲主题有关的文章和新闻也是必要的。你可以查询公司网站并仔细研究你所申请岗位的职责描述，这样一来应该能够推测出面试时可能出现的演讲题目。在一定程度上，这就像是为期末考试复习一样——为了应对可能出现的考题，你要把整个课程内容都复习一遍。你对专业领域或行业的了解程度，会直接影响你在短时间内构思演讲的难易程度。

当你得知演讲主题，开始规划演讲内容的时候，记得使用下面的大纲。

- 开场白——奠定基调，吸引听众。
- 主体——按逻辑顺序展开，总共三个关键点。
- 结束语——总结要点，最后呼吁行动或提出建议。

不要把所有的准备时间都花在写演讲稿上。最多花三分之二的时间来组织要点，其余的时间用来排练开场白和结束语。即使没有安静的地方可供你大声排练，你也要在脑海中把演讲反复过几遍。熟练掌握开场白有助于提升自信。将笔记整理得清清楚楚，这样你就可以在演讲过程中随时查看。

面试官还想看到哪些技能

在你演讲时，面试官关注的并不仅仅是演讲本身，除非你应聘的是全职培训师发言人的职位。他们往往还关注以下这些方面。

- 清晰沟通的能力。
- 吸引听众的能力。
- 你的想法或思维过程。

- 应对压力的能力。
- 组织能力——你事先准备得如何，能否遵守规定的时间要求。

你要想想如何才能在演讲时展示这些技能。我在书中提到的所有 TED 演讲都很吸引人，因为演讲者都用到了讲故事的方法——我最喜欢肯·罗宾森的演讲，他讲了许多个短小的故事。在演讲中融入故事或案例能证明你很注重听众的体验。在规定的时间内从容地完成演讲能展示出你具有良好的组织能力。

你的演讲风格

我之前说过，演讲内容很重要，但是分享内容的方式更重要，尤其是在面试的时候。演讲是你向面试官展示自己个性的机会——保持自然和对话的节奏，对演讲主题充满热情。本书的第 13 章介绍的是肢体语言，其中有很多内容详细讨论了吸引听众的技巧。此外，在面试中，你还需要注意以下方面。

- 语速比平时慢一些——肾上腺素会让你语速加快，听起来很紧张。
- 保持身体平衡，不要做令听众分心的手势，避免紧张不安的姿势。
- 始终和听众保持目光交流，不要盯着屏幕或地板。
- 如果觉得可以的话，你要放松面部表情，保持微笑，这可以给听众带来非常不同的感觉。
- 在关键的地方停顿，让听众有时间思考。
- 使用丰富多样的语音语调，避免单调乏味。

熟悉演讲材料，准备便于查看的笔记

充分的准备大有益处，这一点怎么强调也不为过。你需要对演讲内容了如指掌，可以专注于表达并与听众建立纽带。有的人在考评人员面前演讲时完全是一番手忙脚乱的景象，你如果想了解的话，可以看看英国的《龙穴之创业投资》(*Dragons' Den*)和美国的《创智赢家》(*Shark Tank*)。每期节目都会有不同的创业者来参加这两个真人秀，他们需要成功企业家的投资和指导。创业者会进行演讲，游说五位考评人员。考评人员前来参加节目，是为了寻找具有投资潜力的公司。创业者的演讲只有几分钟时间，接下来就是提问环节。令人惊讶的是，被问及公司的基本财务信息时，许多创业者都回答不上来。的确，不是每个人都精通会计工作，但如果你想要吸引上千英镑或美元的投资，你就理应对自己的业务有清楚的了解。如果你含糊其词、可信度低，那么没有人会拿自己的投资在你身上冒险。这种节目形式很多年都没有改变过，只要看几集就能知道投资者在寻找什么，事先准备好答案并不难，但许多初出茅庐的创业者都忽略了这一点，他们最终没能得到投资。如果你在网络上搜索节目片段，就能发现很多参与者准备得有多么不充分。

你在面试中演讲的时候，实际上也是在要求对方为你投资——不是请他们为你的公司投资，而是请他们将你加入其团队中。你应该为成功做好准备，熟悉演讲材料。如果无法提前得知演讲主题，那么你需要尽可能多地了解上面提到的如公司面对的趋势和面临的问题之类的情况。如果准备时间太短，那么你可能还需要一些笔记作为演讲时的提示。你应该用大一点的字来写下要点或关键词，这样就能在演讲时快速找到信息。去参加面试的时候，你可以带上一些空白的提词卡，这样一来就可以在准备演讲的时候将大纲写在上面，或者画一张思维导图，你喜欢哪种方式就用哪种方式。你可能需要在演讲过程中不时扫一眼提词卡，这不会影响你的演讲效果，重要的是提词卡上的内容应该很容易找到，不能妨碍你与听众保持目光交流。

通过排练缓解紧张情绪

如果条件允许，那么你可以在同事或朋友面前排练演讲。通过这种方式，你可以了解自己的演讲中哪些部分效果好，哪些部分需要改进。他们也能给你反馈，告诉你有哪些表现可能会让听众心烦，或者哪些内容讲得不太清楚。你可以请他们给出一些具体的反馈，看看你的声音是否和平常一样，因为你想要达到的目标是展现自我。即使找不到看你排练的听众，你也应该自己一个人大声排练演讲，这样你就能听到自己讲得如何，如果能录下来的话就更好了。排练可以帮助你熟悉演讲内容，控制时间，提升信心。这样的排练会给你打下良好的基础，即使当天发生意想不到的事情（比如面试官中途打断你），你仍然可以不慌不忙地从容应对。

调整心态

本章的重点主要在于如何准备演讲。同时，我们还需要关注“你”——你的心态和想法也很重要。

在陌生人面前做演讲时，人们感到某种程度的焦虑是很常见的。况且，演讲是否成功事关你能否得到心仪的工作，因此你难免会感到有压力。你可能会有下面这些想法。

- 万一我在台上忘词，大脑一片空白怎么办？
- 他们对这个话题没有兴趣，会感到无聊。
- 如果我不能正确回答问题的话，看起来会很傻。

你应该抛弃上面的想法，给自己积极的心理暗示，就像下面的例子一样。

- 没有什么演讲是完全失败的，至少我可以获得听众的反馈——我可以把这次演讲当作一次学习经历。
- 没有无聊的话题，只有无聊的演讲者。
- 我的准备越充分，演讲表现就会越好——如果我能熟悉演讲内容，就可以让听众觉得演讲更有趣。
- 不知道所有的答案也没关系——我可以自信地说我不知道，演讲结束后再去了解。
- 如果需要的话，我可以查看笔记。

我们心里怎么想，身体就会怎样做。如果你一直觉得自己会出错，事情就会往不好的方向发展。每当发现自己有一些消极无益的想法时，你应该努力去想更有帮助的事情，比如你已经做了多少准备，或者你的笔记就在口袋里，如果需要的话可以随时拿出来看——这些都是你能掌控的事情。

内心预演是另一种非常有效的方法，能让你更加自信，保持良好的心态——就像是有意识地将你的注意力从消极的想法转移到积极的想法上，二者异曲同工。想象一下你的演讲完全按照你希望的方式进行。这就像一部在你脑海中播放的电影，由你决定如何播放。想象你希望看到的场景，比如你在面试官面前准备得非常充分。你看到发生了什么——你的姿势、面部表情、手势是什么样的？你听到了什么——你声音的语调和节奏是怎样的，讲话清晰，语速平缓吗？想象听众全神贯注地听着你讲的每一个字，对你的演讲很感兴趣，并且点头表示赞同。这是第 12 章中所介绍的内心预演的方法，你可以参考，也许会对你有所帮助。

总而言之，要想在面试演讲中给面试官留下深刻印象，你就要尽可能进行充分的准备。演讲者需要花点时间了解听众，调查他们对哪些方面感兴趣。你的演讲好坏展现出你是否有超越自我的意愿，未来是否能兑现你的承诺。你需要花些时间排练演讲，这样当你在现场面对压力时，就能表现出自己最好的一面。

提　示

- 花点时间研究一下你的听众，以便调整演讲的内容和风格，让听众更感兴趣。
- 在真正演讲之前，一定要排练——在排练中犯错误比在面试中犯错误要好得多！
- 观看《龙穴之创业投资》和《创智赢家》这类节目，观察一下如果演讲者准备不足，考评人员会做出怎样的负面反应，这有助于你了解应该避免犯哪些错误。

第 19 章

应对现场提问

你已经为演讲进行了一番准备，花费了很长时间来精炼内容，事先排练，优化表达。在演讲当天，你表现得很好，冷静而自信……最后终于迎来了令人害怕的提问环节！如果应对得当，提问环节可以让你更有优势，能为你的演讲加分并强化你所传递的信息，从而塑造你自信能干的形象。然而，如果提问环节处理不当，你的整个演讲会偏离重点，这会打击你的信心，甚至可能损害你的信誉。如果你能专业而有效地应对现场问题，那就有机会从所有演讲者当中脱颖而出。这不仅仅是为了表现出你知道问题的答案，还关乎你如何控制自己，以及如何与听众互动。

在职场上的许多情境中你都需要应对现场提问。本章我们主要关注两个方面，一个是面试或考评过程中的演讲，另一个是会议上的发言。在应聘的时候，你总是会在演讲结束后被问到一些问题，因为面试官会考察你的一系列技能，包括独立思考的能力，因为在客户会议上你也需要接受提问，要么是澄清一个观点，要么是回答一些与你的演讲主题相关的问题（这些问题你可能没有介绍，但与客户息息相关）。我在这里分享的技巧与这两方面都有联系，但在下面的情况中也很有用。

- 做完团队简报时。
- 向高级管理人员或董事会申请批准项目时。

- 举办培训研讨会时。
- 向新客户推销产品时。

无论发生什么情况，你都需要控制局面。你应该把应对提问当作演讲的一部分，提问环节和你演讲的主要内容一样都需要细致的规划。有一点我再怎么强调也不为过：准备，准备，再准备。

为什么你不应该害怕提问

许多自信的演讲者也会承认，他们害怕问答环节，因为他们觉得自己的演讲在这个环节可能会失控。他们担心被当场问住，遇到没有准备好或根本无法回答的问题，这可能会让他们在某种程度上显得能力不足。但是，不要害怕提问，你应该借此机会给听众带来更多价值，让听众有机会清晰理解演讲的要点，加深记忆。听众愿意提问表明他们很投入，有兴趣了解更多信息。通过提问环节的互动，你也有机会为自己和公司建立良好的声望，让听众更加信任你。

事先规划——头脑风暴和排练

优秀的演讲者会预测可能出现的提问。你可能会想，这怎么能预测呢？其实，这就像你在组织内容的时候会考虑听众感兴趣的方面一样，你在进行头脑风暴并列出听众可能提出的问题时，也需要设身处地地为听众考虑。你已经做了很多背景研究和准备工作，这应该能让你很好地处理与主题相关的问题。你收集的材料肯定比能用在演讲中的要多，但扩充知识库并非徒劳。例如，你可能收集了很多研究报告，但在演讲中只包含了一两个方面的关键信息。如果有听众让你详细阐述这方面的内容，你手边就会有相关的信息。

演讲者要为听众中的每个人考虑，即使你不认识他们。你可以回顾第 17 章的内容，想想如何了解听众，这有利于你组织问题的答案，更好地满足听众的要求。他们可能想知道什么？他们是否会质疑你的观点，询问你是否有更多的材料来支持你的观点？听众可能会有各种各样的问题，例如，如果你是在介绍新产品或新的工作方法，那么他们可能会问有哪些地方可能出错。在头脑风暴阶段，你想出的问题再不可思议也没有问题，因为你是在测试你的知识库最大能承受多少压力。在组织演讲内容时，你可以准备一些能应对提问环节的答案。你如果能用这种方式审视演讲内容，就会对内容有更深刻的理解。你可以试着把列出来的问题分门别类地写在单独的卡片上，以便随身携带，在演讲前的几天里反复查看并深入思考。

对于面试中的演讲，你需要记住，面试官不仅仅希望你能将材料阐述清楚。他们会向你提问，考验你应对压力的能力。

通过头脑风暴列出所有可能出现的问题之后，你就可以练习如何回应听众的提问了。

练　习

学习应对现场提问的一个好方法是在同事或朋友面前排练，就像第 4 章所提到的一样，一定要空出时间，在你信任的人面前排练演讲。同样，在列出提问环节可能会出现的问题之后，你也需要进行排练。这就像是在为期末考试复习一样，你不知道到时会出现什么考题，因此必须熟记这一学期的全部课程内容。练习回答所有的问题，并征求听众的反馈意见——你是简明扼要地回答了实际问题，还是拐弯抹角、含糊其词？你的声音和肢体语言是否像在演讲的主体环节一样传递出自信？如果没有，那么你需要如何调整？

关于提前准备演讲，我想说的最后一点是有关时间控制的。你需要为提问环节预留时间，并且需要在排练时注意这一点。例如，你如果有 20 分钟的演讲时间，就要把演讲时间规划在 15 分钟，剩下的 5 分钟用来接受提问。就算到时在这 5 分钟的时间里，听众一言不发，你也可以用其他相关的一两个知识点来填补这段时间。我将在下一章详细讨论这个问题，在此就简单地一笔带过。如果没有听众提问，那么你也不要直接结束演讲，你可以再阐述最后一个要点——用“经常有人问我……”来开头。如果你在参加面试或接受考评之前得知演讲时长的话，那么这段时间都是用来留给你演讲的，提问环节一般设在你的演讲结束之后。

为提问环节制定基本规则

现在你已经针对提问环节进行了计划和排练，那么让我们来看看当你真正站在聚光灯下的时候，具体需要如何应对提问。在演讲开始的时候，你要说明你愿意在什么时候回答问题。你是演讲的主宰者，可以决定如何安排演讲。你在演讲开始时不妨对以下问题加以简要说明。

- 你打算在演讲结束后接受提问吗？
- 你打算在演讲中随时接受提问，解释任何不清楚的地方吗？
- 你打算在每一部分结束的时候接受提问吗？

关于何时接受提问，并没有什么硬性的规则，只是你可以通过制定规则来更好地掌控演讲，并且有利于让听众积极思考，更好地参与互动。在演讲过程中回答问题能提高听众的参与度，并且能随时澄清任何误解。然而，互动时间过长可能会让演讲偏离主题，打乱时间安排。为了避免这种情况发生，你应该关注互动的时间，简短地回答问题。如果你需要更长的时间来回答某个问题的话，那么你可以告诉听众你会在演讲结束后再回答这个问题——只要别忘记就好。鼓励听众写下他们想到的任何问题，还可以给他们提供记笔记用的白纸。在演讲快结束的时候，你可以说："我的演讲到此结束，现在可以回答听众的问题了。"

为提问环节制定基本规则

有时候，听众问的问题不是很直接。在提问环节，每位听众提问都有不同的理由。最直接的提问是要求你解释某些内容。这种问题回答起来应该很简单，并且是很有用的反馈——下次演讲时你可以对此解释得更详细一些。有的提问可能与你稍后会讲到的话题相关——在这种情况下，你应该礼貌地感谢提问者，然后表示会在后面的部分回答这个问题。

有些问题很难回答，可能你一时想不出答案，也有可能之前你没有认真考虑过如此困难的问题，大部分演讲者都对此有所担心。其实你应该放轻松，因为你已经做好了充分的准备，你不可能知道所有的答案，没有人能知晓一切。不过，有一些策略可以帮助你应对这种情况。

首先，你要清楚理解问题，这样你才能回答到点子上。慢慢倾听，停顿一下，确保你完全理解问题的意思，然后再开始回答。其次，你一定不要用不准确的答案来回应——有时候我们会受到紧张情绪的影响，面对压力时无法完全集中注意力。当所有听众都在盯着你的时候，你很容易不经思考就给出答案。不要这样做。

在构思答案之前，你应先听清楚完整的问题，不要急于下结论。有时候，只有提问者全部讲完，我们才能知道他们想问什么，因为他们是一边想一边说的，可能也想分享他们对演讲话题的看法。顺便说一下，这是很正常的——在研讨会上经常出现这种情况，会有听众非常希望表达自己的观点。如果你没有充分考虑问题的前后语境，只听到了关键字就过早下结论，可能会理解错误。试着理解问题背后的意图，必要时应该得到对方的确认。

- “让我确认一下我的理解是否正确——你问的是……”
- “如果我没理解错的话，你是说……”

另外，你也不要害怕承认你不知道某个问题的答案，大方承认比装模作样要好，如果你胡编乱造的话，听众很容易就能看穿。找一个说“我不知道”的方法，保持积极和真诚的态度，就像下面的句子一样。

- “目前我没有确切的答案，也不想乱猜，不过回去之后我可以找找答案，晚点回答你。”
- “这是个有意思的想法，我没有这样想过。”

记录下你暂时无法回答的问题以及提问者的联系方式，以便后续解答问题。

你还可以选择让其他听众来回答问题。你可以充当中间人，询问其他听众是否愿意回答问题，是否有这方面的经验。这样做是在为听众带来更多的价值，并且表明你并不排斥学习新思想，大方承认你并非什么都懂。在职场上，可能会有资深的同事或专家在场，帮助你回答这个问题。你可以说：“这方面我的同事比我更熟悉……”

一般来说，我不会说“这是个好问题……”，因为这样一来其他的提问者可能会觉得自己提的问题不够好，除非你对所有的提问者都这么说——很明显，你不能对每个人都说“好问题”，因为这会给人留下不真诚的印象。当然，这取决于个人选择，你可以选择你觉得自然、得体的说法。

就事论事，不要有被针对的感觉

提问者有可能强烈反对你的观点。这样气氛会变得尴尬，但你仍然可以礼貌地处理这种情况，承认你们各自有不同的观点，然后继续进行下一个环节，把机会交给其他听众来提问，或者进行总结陈词。专注于眼前的问题，不要为自己辩护。面试官希望看到你在压力下保持冷静。

- “这不是今天演讲的本意，但我们可以稍后进一步讨论。”
- “谢谢你对这个问题的看法……”

面向全体听众作答

一定要确保所有的听众都能听到问题。在回答之前，你不妨对着全体听众重复一遍问题。记住，虽然你只是在回答一个人的问题，但你仍然需要吸引全场听众的注意力。你应该面向所有人作答，而不仅仅是提出问题的人，否则人们会失去兴趣，开始走神。正因如此，重复一遍问题非常重要，尤其是在听众人数很多又没有麦克风的情况下——如果其他人听不到问题，就无法跟上你和提问者的交流。还有一个原因，并不是每个人都有信心在同行面前举手发言，而一个人问的问题可能许多人都想问，这就使得问答环节非常有价值。

紧扣主题，应对多个问题

有些人不愿意在全场听众面前提问，而另一些人则喜欢发表意见，公开分享自己的想法。他们经常会提出一些离题的内容，或者问一些其他听众不感兴趣的晦涩问题。同样，你还是可以对他们的意见表示感谢，记录下演讲结束之后可能需要跟进的问题，然后坚定地表示你需要回到演讲，或者继续接受提问，给其他人提问的机会。

- “我想我们可能有点跑题了，让我们暂时把这个问题放一放，晚些时候在交流时间再讨论。”

- “我们没有足够的时间来进一步探讨这个问题了……现在我需要继续演讲，否则可能会讲不完，但是我们可以晚些时候再讨论这个问题。”

有的提问者会滔滔不绝、长篇大论，还有一些会连珠炮似的问一连串问题，这种情况也比较棘手。和前面提到的一样，你需要把问题重复一遍，确保自己理解正确。你可以做笔记供自己参考，厘清所有的问题，然后决定是每一个都回答，还是只回答与主题关联最密切的问题，告诉听众以后有机会再处理其余的问题。

强而有力地结束提问环节

你需要在一定的时间内结束提问环节，因为演讲有时间限制，而你需要严格控制时间。提问者多是个好现象，这代表听众很感兴趣，愿意互动。但是，不要直接以提问环节来结束演讲。即使你通过头脑风暴列出了所有可能出现的问题，提问环节也仍然充满未知的因素，因为你不知道这些问题将来自哪里。如果最后一个问题很无趣，甚至有点消极，你的演讲所营造的良好气氛就会遭到破坏。因此，你应该感谢听众提出的问题，然后总结你的演讲的主要观点，用排练过的总结陈词来结束演讲。

在第 10 章中，我们讨论了强有力的开场白和结束语，以及二者为何如此重要。开场白应该抓住听众的注意力，结尾是听众听到的最后内容，应该让他们思考一些事情，或者让他们按照你分享的内容采取行动。结束语最好能引起听众的共鸣。

提 示

- 在决定如何回答问题之前，先冷静停顿一下，然后再给出问题的答案。
- 演讲开始时，让听众知道你打算用什么方式来回答问题。
- 回答问题的时候，一定要让所有的听众都参与进来——无论听众只有几位面试官，还是有一大屋子的人。
- 学习应对尴尬的问题，找到让自己感到自在的方式来表达“我不知道”。
- 用积极的方式应对问题，这样提问者就会感到被尊重，不会觉得自己错了。

第 20 章

听众互动和参与

对于任何演讲而言，如何与听众沟通都是演讲者面临的最大挑战之一。如前几章所述，如果你能在确定演讲内容和表达方式时考虑听众的喜好，那么你与听众沟通起来会更加容易。换句话说，你需要想方设法让听众拥有更好的体验，改掉自己的坏习惯，不要照着幻灯片读，也不要一直用单调的声音讲话。我们都听过让人昏昏欲睡的演讲，这种演讲之所以单调乏味，是因为演讲者没有吸引听众。我们已经习惯了这种场景，这种演讲也几乎成为职场演讲的标准——作为听众，我们只想坐在台下一动不动地听着。其实，听众走神是完全正常的，因为人集中注意力的时间非常有限。作为一个演讲者，你的任务就是抓住听众的注意力，通过激发他们的思考和理解来保持注意力。不要给他们犯困的理由！

你需要让听众做点事情。通过行动，人们能将新信息储存到记忆中。积极的行动可以帮助人们更好地记忆和领悟信息。演讲成功的关键在于帮助听众应用你所分享的内容。这时就需要听众互动和参与，而与听众建立联系的纽带将有助于演讲成功。

在这一章中，我将介绍不同程度的听众参与。虽然并不是所有的建议都与你眼下的需求相关，但这些建议也许能给你带来未来的工作机会并提高你的演讲技巧。你可以选择从适合自己的技巧着手练习。根据经验，绝对不要在应聘的面试上测试新技巧。还要小心，不要给面试官留下“炫技”的印象，因此有的场合不适合使用花哨的技巧。你需要自己判断应该让听众多大程度地参与进来。关键是要吃准面试的演讲要求，思考面试官寻找的是什么。你可以回顾第 19 章，看看面试官重视哪些技能。如果你刚刚开始职业生涯，是个演讲新手，那我建议你使用提问和讨论的形式来与听众互动，慢慢积累经验。

演讲前的互动

你可以采取某种特定的方法，在演讲开始之前就与听众建立联系的纽带。例如，如果你是在公司组织的研讨会上发言，在签到的时候你就可以和来宾相互熟悉一下。这样做有助于降低你的紧张程度，因为你打破了和陌生人之间的僵局。你们可以进行简短的谈话，但关于你的演讲话题不要透露过多。如果你能了解到听众想要从你的演讲中听到什么，或者他们感兴趣的问题是什么，那么他们的意见就可以供你在演讲时或提问环节参考。而即使在你无法掌控节奏的场合，比如在接受考评时，你一整天的所有表现都会纳入考量，考评人员会注意到你是如何出场的，以及你在自由活动的时间（在小组演讲或模拟角色解决问题之外的时候是如何与人交往的）。

另一种是事先进行线上调查或问卷调查。你可以给听众发送邮件，问问他们想听什么内容，这样你就有很大的机会根据听众的需求来调整演讲内容。即使你是给自己的团队或公司的其他部门做演讲，也要事先发几封电子邮件，或者直接问问听众他们想从演讲中听到些什么。显然，这不适用于面试的情况，但如果你得到了应聘的工作，对演讲能更加自如地掌控之后，就可以考虑做这样的准备。

运用多媒体提升听众体验

在我看来，只要不是单纯站在台上口头演讲，就可以算作与听众互动。听众互动有不同的程度。使用音乐或视频不仅能让演讲更丰富，还能适应不同听众的信息获取偏好，激发他们的情感。精心挑选的图片也能达到这样的效果。

在第 5 章，我们曾讨论过《传球试验》这个视频，这是激发观众互动的良好范例。这个视频明确要求观众主动去做一些事情（数一数两队之间传球的次数），而不是毫无目的地坐着看。这段视频很有意思，会引发讨论，因为传球的次数并不是视频中的唯一亮点，每位观众关注的方面都不一样。

你还可以使用多媒体来让你讲述的故事更加有趣。讲故事当然是表达情感的最好方式，如果你能吸引听众，他们就会参与进来。你可以回顾第 7 章的内容——在你的演讲结束很久之后，听众还会记得你讲的故事。

演示和道具

2007 年 1 月 9 日，旧金山莫斯康展览中心的大会堂座无虚席，史蒂夫 · 乔布斯在这里发布了世界上第一款苹果手机。这个新产品不仅仅是一款手机，它还能连接网络以及 iTunes 音乐库。为了充分展示这款革命性新设备的功能，乔布斯把手机连接到大屏幕，这样观众就能清楚地看到他的操作。他演示了如何用这款手机使用谷歌地图，并且放大地图找到一家星巴克，点击超链接的电话号码，拨通了这家店的电话。他在电话中说要为全场每位观众点一杯咖啡，然后说只是开玩笑的，最后挂断了电话。接电话的店员完全不知道电话是谁打来的，直到后来有人告诉她，她才知道自己和乔布斯通了电话！全场观众都被这个笑话逗乐了，他们的情绪也被积极地调动了起来。观众没有想到乔布斯会在他们眼前用苹果手机打出第一个电话，更没想到是用这么幽默的方式——苹果的产品发布会竟然成了一场即兴的“恶作剧”。然而乔布斯并不是即兴而为。很明显，他事先就计划好要这么做，尽管如此，但是给人的感觉就像是临时起意一样。这是一个为演讲注入幽默的完美范例，引发了台下观众的阵阵笑声。虽然观众的身体还是在台下坐着，但他们在心理上已经高度参与到了这场发布会中。如果你想看这段发布会的视频，可以在网络上找到。

还有一个简单但十分出色的例子是比尔·盖茨 2009 年的 TED 演讲《蚊子、疟疾与教育》。在比尔·盖茨演讲的时候，你可以注意到他旁边的小桌上放着一个玻璃罐子。他演讲的第一部分讲的是欠发达国家疟疾的持续发病。演讲开始大约 5 分钟时，比尔·盖茨打开玻璃罐，告诉听众他把一罐蚊子放了出来。这时台下传来紧张的笑声——比尔·盖茨是在开玩笑吧？！几秒钟之后，他表示这些蚊子并不会传播疟疾，大家可以放心了。在短短几秒钟的时间里，听众被激发出了各种各样的情绪。这实际上是一种“惊吓策略”，而且是十分成功的案例——为什么只有千里之外贫困地区的人们忍受着蚊子在身边飞来飞去、传播疟疾呢？比尔·盖茨说，每个人都应该体验一下。我强烈建议读者观看这段演讲，这是在演讲中使用道具并注入幽默和深切的人文关怀的教科书式案例。另一件值得注意的事情是，他的幻灯片非常简单，而且在视觉上很吸引人。照片填充了整个幻灯片，图片上只有一条标签线，所有的图表简单易懂。

以上两个例子展示了如何以一种不同寻常的方式使用道具，从而激发听众的情绪。你不必如此浮夸，可以使用很简单的道具，依然能取得良好的互动效果。你可以只用一本书做道具，听众也可以很好地参与互动。例如，如果你可以推荐听众听完演讲之后阅读这本书，或者询问听众里是否有人读过这本书，如果有人读过的话，那么你可以请他们分享自己的看法。

设置提问和讨论环节

在第 19 章中，我们已经讨论了如何应对来自听众或面试官的现场提问。在这一部分，让我们反过来看一看如何通过询问听众的意见来调动他们的积极性。你可以向听众提问。

首先，你可以使用反问句——反问句不需要听众回答。如果你没有足够的信心去尝试本章的其他建议，或者演讲的场景不适合听众参与的程度太高，你可以只用反问句，操作起来很简单。在演讲的过程中，你可以提出反问句，简单来说，就是把陈述句变成问句。你可以请听众考虑你的观点。

- 这会对你有什么影响？
- 你会怎么做？
- 我们如何解决这个问题？
- 如果……会怎样？
- 你同意这个观点吗？

还有一种策略，你可以说“想象一下……”，让听众想象一个情景或结果。这就像提出反问句一样，并不是让听众在现场大声说出自己的想法，而是让他们在思维上积极参与到演讲中来。

邀请听众举手表态就像是进行现场投票一样。你能感受到听众当时的想法，比如有多少听众赞同（或不赞同）你的想法。这种做法既有优点，又有缺点。有些人不喜欢举手表态，永远不会参与这种事情，但至少他们会在心里思考这个问题。此外，如果听众开始走神，那么这样的环节可以将他们的思路拉回到演讲中来。

你还可以让听众从座位上站起来投票。邀请听众用行动表达态度，同意的站在一边，不同意的在另一边。然后请两边各选出一位听众来阐述为什么做出这样的选择。当然，你需要考虑场地的大小和布局，运用常识判断这样做是否可行。如果空间足够的话，那么你需要事先做好计划，想好如何控制场面，引起听众的注意。听众可能会在小组讨论时过于投入，因此在请他们开始讨论之前，你应该先讲好基本规则。至于具体该怎么做，你可以参考后面的内容。

另一种方法是让听众与附近的人讨论几分钟，然后让他们与更多的听众分享观点。这是一种很容易让听众参与进来的方法，对于那些不喜欢在全场人面前举手表态的人来说，这种方法更加低调。小组讨论过后，负责发言的人代表的是整个小组的意见，而不是自己的意见，因此他们就不会那么紧张。小组讨论能让听众更好地从同伴身上学习，通过分享经验，获得更大的收获。通常，当听众开始小组讨论时，会场会变得嘈杂，这是一个好现象，证明听众的参与度很高。不过，在必要的时候，你一定要提醒听众结束讨论。如果听众人数很多，讨论的声音可能很大，他们也许会听不到你讲话。对于这种情况，我会举起一只手，这样看到我举手的人就会停止讨论，其他人也会跟着慢慢停下。

在职场演讲中，听众一般希望在演讲结束时有机会提问。正如第 19 章所提到的，你可以在演讲刚一开始的时候告诉听众你想在什么时候回答问题。我希望能鼓励你说“欢迎大家提问”，尽管回答提问也有相当的难度，但是互动是非常必要的。告诉听众你打算什么时候回答问题，是欢迎随时提问，还是等到每一部分结束的时候，或者是等到演讲全部结束后的提问环节？如果在演讲过程中穿插回答问题的环节，而不是把提问留到最后，那么你的演讲会变得更有对话交流的感觉。如果没有听众提问，那么你该怎么办呢？实际上，这是你展现自己专业知识的好时机。你在准备阶段收集了很多材料，无法全部放进演讲内容中。不妨用这些材料来填补空白，你可以对听众这样说：“经常有人问我……”或者“还有一个例子……”。

你可以分享一个客户案例或讨论一篇研究文章。这通常会引起人们思考，然后激发他们提问。提前做好计划，考虑听众的类型，想想他们可能会提出哪些问题，事先准备答案。还要考虑如果听众的反应和你预想的不一致，那么你该说什么、做什么。

在别人提问之后，你需要留出时间来回答，礼貌地表示感谢。如果你让听众觉得他们的意见很重要，他们就会有更高的积极性。一定要仔细聆听问题，如果有必要的话，可以请听众重复一遍问题，这样你和其他的听众就能听得更清楚，更多的听众也会参与进来。在分享了自己对于某个问题的看法之后，你可以问问其他听众的想法，这样就可以引发听众的讨论。第 19 章有更多介绍如何处理现场提问的内容。

在演讲中穿插游戏问答

目前，游戏式的学习方法在培训行业非常流行，尤其是在数字化学习方面。这种方法使培训效果更好，因为参训者的参与度更高。人类天生就有一种追求成就和竞争的欲望——你如果玩过流行的手机游戏，或者见过周围的人都在玩某个游戏的景象，就知道我是什么意思了。同样，如果在职场培训中安排合理的竞争内容，那么员工会更有动力去学习。把游戏作为团建活动也很常见。那么，这和演讲有什么关系呢？我想说的是，不要只是单纯阐述演讲内容，你可以用小测验的形式传递信息。我说的小测验并不是一场完整的考试。或许你可以让听众在每个部分的结尾猜测一些有趣的事实。你也可以用演讲中介绍的案例或其他内容来进行小测验。你可以告诉听众，在演讲结束后你会问他们一些问题，看看他们是否能记住关键信息，这也许可以让听众听得更认真。

在第 10 章，我分享了一个案例，演讲者让听众猜一猜多少升牛奶能装满一个奥运会游泳池。这位演讲者采用的方式非常简单——把游泳池的图片放在幻灯片上，然后让听众大声说出问题的答案。这很有趣，在演讲开头使用这种策略打破了现场沉闷的气氛。在揭晓正确答案时，他向听众解释了这个有趣的事实与演讲主题有什么联系。

你可以使用幻灯片来让听众看得更清楚。不要单纯告诉听众某个事实，你可以让他们猜一猜屏幕上的哪个选项是正确答案，或者判断选项的真假或对错。然后把这个事实与演讲的论点联系起来。

使用软件与听众互动

如果你正处于职业生涯的早期阶段，正在为面试或考评做准备的话，那么最后这一部分对你来说可能不是非常有用。但是，如果你要在会议上做演讲，听众人数很多，或者要举办大型活动，那么我认为下面的内容会对你很有用处。

我们在前面讨论过，可以用幻灯片展示问题和选项——既容易操作，又能让听众看得一清二楚。实际上，有很多高级的应用软件也有类似的功能。有的软件是免费的，有的是付费的。有些应用软件专门用于会议活动的提问环节，支持匿名提问。很多人不敢在别人面前提问，担心自己看起来很傻。当然，你如果想收集特定的数据，就不需要匿名，但至少听众有机会选择是否公开自己的姓名。我使用过的此类应用软件有 Glisser、Sli.do 和 Poll Everywhere，市面上还有很多其他类似的软件。这些应用软件的工作原理基本上都是让听众在自己的手机上下载客户端，输入你提供的活动码，然后就可以加入同一场活动了。

然后，听众就可以实时提问，加入活动的听众能看到所有人提出的问题。演讲者可以从中选择想要回答的问题。你还可以在上面展开小测验，让听众选出正确答案或进行现场投票——结果会立刻显示在大屏幕上，所有人都能看到。这类应用软件还有一个好处，那就是可以在社交媒体上生成话题，这样听众就可以针对某一话题进行交流和讨论，分享与演讲有关的见解。

有时候，会场可能没有无线网络，或者网络信号不够好，无法使用这些类型的移动应用软件。这时你可以使用“投票板”，它的功能类似于移动应用软件，可以给听众一系列选项，让他们选择答案。“投票板”的缺点是不能显示问题，听众只能看到答案或选项，然后从中选择。优点是不需要网络连接，只需要无线电频率，允许听众匿名作答，并且好玩有趣。

总 结

在本章中，我们讨论了在演讲中与听众互动的不同方法，从技术含量较低的反问句，到技术含量较高的幻灯片、应用软件、智能手机投票和测验等。其中一些技巧更适合会议或客户研讨会，不太适用于面试的场景。这些技巧在不同的场合各有用处。当你刚开始做演讲的时候，可以先从简单的做起，比如让听众一对一讨论，然后随着经验的积累，你可以开始使用幻灯片和应用软件进行有趣的小测验。

提　示

- 你需要让听众做点事情，这有利于他们将新信息储存到记忆中。
- 从演讲中提取一些要点，组织一个游戏式小测验，让听众积极参与。
- 在演讲中至少使用一到两个反问句或疑问句，这有助于调动听众的积极性，加深他们对新知识的印象。
- 即使目前不需要使用提问工具软件，你也可以加以研究，对其有所了解，这有助于让你思考与听众互动的趋势和有创意的方式。

结 语

对于想要掌握演讲技巧的人来说，进步的道路是永无止境的——你永远都有提升的空间。即使是最有经验的演讲者也希望自己能不断进步，而且他们一直在为此努力。好的演讲技巧无法一蹴而就，只有经过长期的积累才能练成。你想如何利用演讲机会？演讲又会如何影响你的职业生涯呢？

读完本书，相信你已经对准备演讲的每一个步骤都有所了解，不妨回顾一下每章最后的“提示”来简要复习一遍。这些提示是每章的摘要，方便你查找和参考。

如果你最初阅读这本书是为了准备面试或职场上的第一次演讲，那么你现在可以考虑一下如何提升演讲技巧，树立属于你自己的演讲风格。你还可以进行额外的练习，比如加入国际演讲会等演讲俱乐部。要是想尝试一些与众不同的挑战，你还可以试试学习相声或喜剧表演。我自己就学习了一门喜剧课程。从这门课中，我学会了如何抖包袱效果最好，以及怎样讲述趣闻逸事等。如果你想更加自在地应对棘手问题，最好的方式莫过于挑战“演讲之夜”，站在一群闹哄哄的听众面前进行五分钟演讲，锻炼自己的胆量。

你可以选择一到两章复习一下，深入理解，集中精力提升某些方面的表现。你可以回顾第 7 章到第 20 章介绍的关于演讲风格的内容，尤其是在讲故事及与听众互动方面。讲故事是与听众互动最好的方法之一。如果你能在平时积累一些故事，不断打磨，那么无论什么时候，只要想讲故事，你就能信手拈来。这种积累的确要花费时间，但绝对值得。讲述精彩的故事能让你和听众建立纽带，这是成功演讲的重要组成部分，但你也要考虑如何提升与听众的互动。如果演讲时间较长，或者听众资历较深，那么你需要想办法吸引他们的注意力——可以从有趣的讨论开始。如果是会议类型的活动，那么你也许可以使用应用软件，让听众投票。你可以在每次演讲的时候尝试一个我们讨论过的技巧。

无论你是刚刚起步，还是已经积累了相当多的演讲经验，都请你记住，你在演讲中分享的信息应该尽可能容易理解，给听众留下深刻印象。要想达到这个效果，最好的方法就是把信息放到具体的情境中。还记得第 7 章提到的奥运会游泳池的例子及乔布斯的演讲吗？你可以试着练习把你要传递的信息和人们熟知的事物联系起来，这样他们就能以自己的方式来理解信息。

最后，不要忘记每次准备演讲都要进行测试和修正——预留足够的时间进行排练，请别人给你反馈；或者自己用手机录下来，观看回放。你需要感受听众看到和听到的是怎样一番景象，因为毕竟演讲是为他们准备的。如果能把演讲或排练录下来，你就有了参考的依据，可以记录自己的进步。

祝你成功。相信你会在演讲的舞台上光彩夺目。